Die Highlights 15, 23, 39, 43, 46, 50 und 55 sind nicht eindeutig lokalisierbar und daher auf der Karte nicht zu finden.

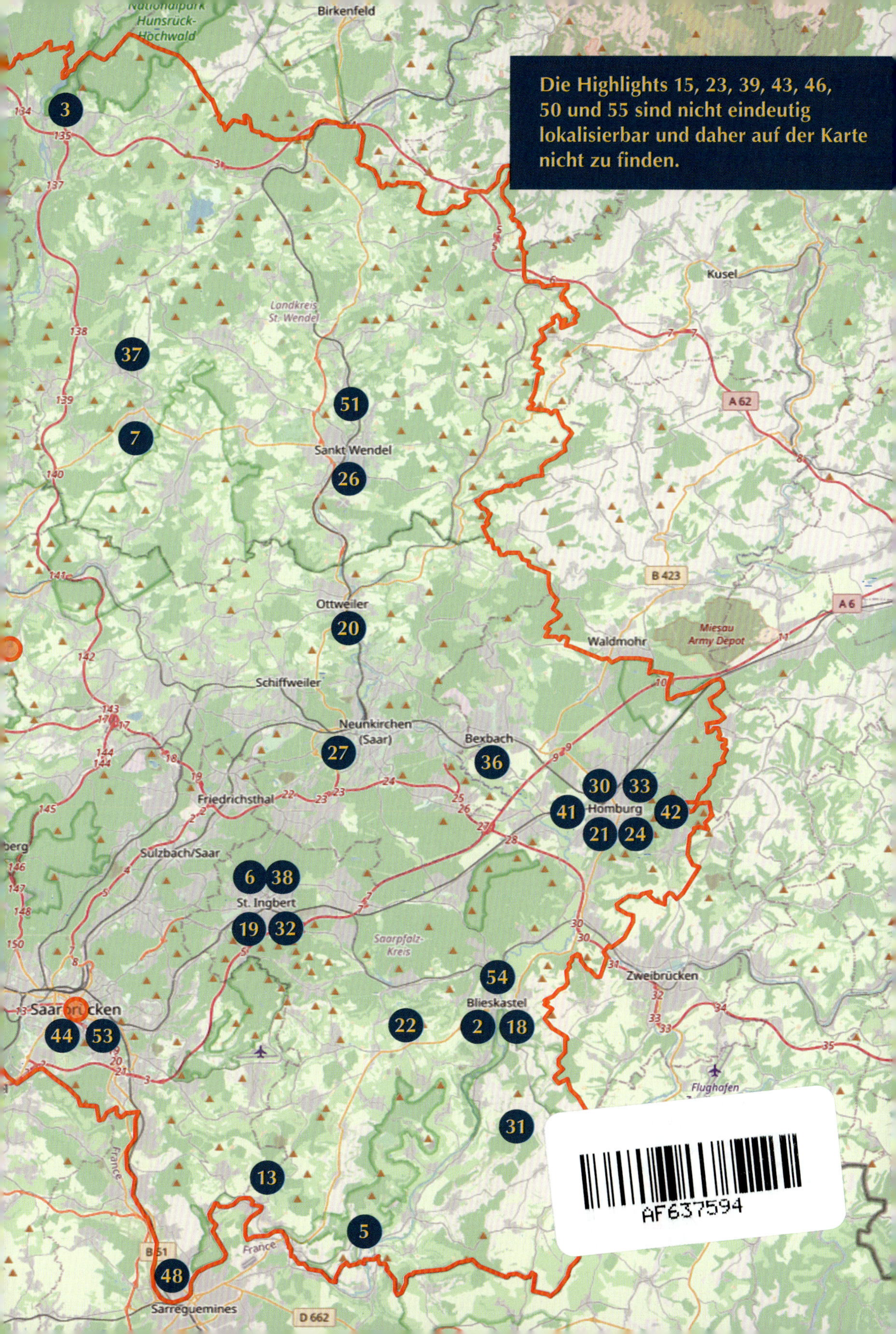

Für Peter

Jörg Koch

Das Saarland

55 Highlights aus der Geschichte

Menschen, Orte und Ereignisse, die unsere Region bis heute prägen

SUTTON

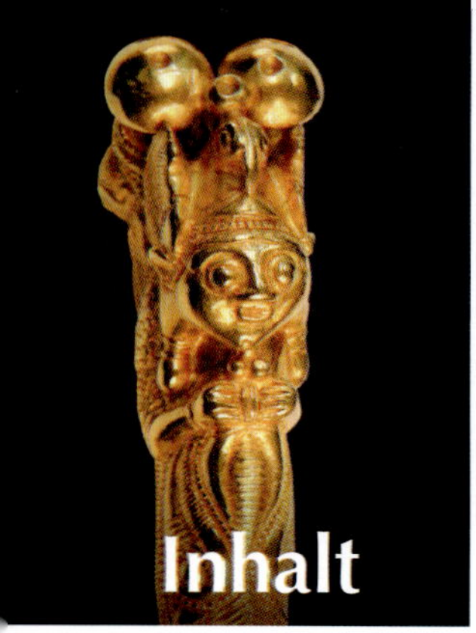

Inhalt

Einleitung

„Klein, aber fein" – dieser Ausdruck trifft auch auf das Saarland zu, denn mit seinen rund 2.600 Quadratkilometern ist es, von den Stadtstaaten Berlin, Hamburg und Bremen abgesehen, das kleinste der 16 Bundesländer.

Kaum eine andere Region in Deutschland verfügt über eine so reiche Kulturlandschaft, die sich über die Frühgeschichte bis in die jüngste Vergangenheit erstreckt. Schon in vorchristlicher Zeit siedelten hier die Kelten, dann kamen die Römer, zwar als Besatzungsmacht, aber auch mit viel Kultur und vor allem mit Kenntnissen zu Wein und Weinanbau im Gepäck. Im Mittelalter und darüber hinaus regierten verschiedene Herrschaften über diesen begehrten Landstrich, daran erinnert das heutige Landeswappen. Es ist viergeteilt und zeigt die Wappen der bedeutendsten Fürstentümer, die vor dem Ende des Heiligen Römischen Reiches und der territorialen Neuordnung Europas (1815) über große Teile des heutigen Bundeslandes regierten: die Grafschaft Saarbrücken, das Kurfürstentum Trier, das Herzogtum Lothringen und das Herzogtum Pfalz-Zweibrücken.

Nach dem Wiener Kongress 1814/15 wurden neue Grenzen gezogen: Preußen, Bayern sowie Coburg und Oldenburg beanspruchten Gebiete, die dann rund hundert Jahre später, aufgrund des Versailler Vertrags (1920), erneut Veränderungen erfuhren. Fünf preußische Kreise und zwei bayerische Bezirksämter wurden vom Deutschen Reich abgetrennt und als Saargebiet Frankreich wirtschaftlich angegliedert, die „Oberaufsicht" lag beim Völkerbund. 1935 kehrte das Saargebiet „heim ins Reich", nach dem Zweiten Weltkrieg wurde es abermals Frankreich zugeschlagen, bis es 1957 als damals zehntes Bundesland Teil der Bundesrepublik Deutschland wurde. Nirgends hat sich die deutsch-französische Geschichte so niedergeschlagen wie in dem waldreichen Land an Saar und Blies.

Das Land mit rund einer Million Einwohnern ist reich an Sagen und steckt voller Geschichte und Geschichten: vom großen Faustkeil aus der Altsteinzeit, Prunkstück des Saarbrücker Museums für Vor- und Frühgeschichte, bis zur Stahlindustrie unserer Tage. Zu den eindrucksvollsten Sehenswürdigkeiten von internationalem Rang zählt die Völklinger Hütte, seit 1994 UNESCO-Weltkulturerbe. Aber auch kleine Gemeinden auf dem Land bieten manch architektonisches Kleinod und bezaubernde Naturdenkmäler, allen voran die Saarschleife bei Mettlach, ein vielfach fotografiertes Motiv, geradezu das Symbol des Saarlands. Kunst und Kultur sind im ganzen Land anzutreffen, von der römischen Villa Borg an der Grenze zu Luxemburg bis zu den einmaligen Schlossberghöhlen in Homburg an der Grenze zu Rheinland-Pfalz, vom Keltischen Ringwall bei Otzenhausen im Norden bis zur Barockstadt Blieskastel im südlichen Saarland.

In den folgenden 55 Kapiteln wird ein repräsentativer Ausschnitt dieser reichhaltigen Geschichte des Saarlands vorgestellt. Dem aufmerksamen Leser wünsche ich ein unterhaltsames Vergnügen voller Entdeckungen und Überraschungen.

Jörg Koch

Das Schloss Saareck bei Mettlach, Gästehaus der Villeroy & Boch AG.

1 Namensgeberin eines Bundeslandes
Die Saar

Flüsse wie die Donau, der Rhein oder die Lahn sind Namensgeber für Orte und Regionen, nach der Saar aber nennen sich nicht nur mehrere Städte, sondern sogar ein ganzes Bundesland trägt diesen Namen, der keltischen Ursprungs ist und so viel wie „fließendes Gewässer“ bedeutet.

Zwischen dem französischen Sarreguemines (Saargemünd) und Saarbrücken-Güdingen bildet die Saar auf einer Länge von elf Kilometern die deutsch-französische Grenze. Ihre Quellflüsse sind die Rote Saar und die Weiße

Saar, die beide in den Vogesen entspringen. Ab der etwa 21.000 Einwohner umfassenden Stadt Sarreguemines im Département Moselle ist der Fluss schiffbar, hier fließt auch die 100 Kilometer lange, aus dem nördlichen Saarland kommende Blies als größter Nebenfluss in die Saar. Auf saarländischem Gebiet ist sie 68 Kilometer lang, bei Konz, wenige Kilometer südlich von Trier, mündet die Saar als ihr längster Zufluss in die Mosel. Auf französischer Seite sind acht Gemeinden, auf deutschem Gebiet fünf Orte (Saarbrücken, Saarlouis, Saarwellingen sowie Saarhölzbach und Saarburg/Rheinland-Pfalz) nach der

Namensgeberin des Saarlandes ist die Saar, hier die Saarschleife, aufgenommen vom Aussichtspunkt Cloef im Mettlacher Ortsteil Orscholz.

insgesamt 235 Kilometer langen und aus acht Staustufen bestehenden Saar benannt.

Zu den schönsten und zumindest in Westeuropa bekanntesten Sehenswürdigkeiten des ganzen Bundeslandes gehört die Saarschleife bei Mettlach, ein Motiv, das wie kein anderes mit dem Saarland und dem Fluss in Verbindung steht. Von dem felsigen Aussichtspunkt Cloef unterhalb der Gemeinde Orscholz hat man aus der Vogelperspektive einen atemberaubenden Blick auf „des Landes schönste Stelle". Auch im rheinland-pfälzischen Landkreis Trier-Saarburg, bei der Gemeinde Taben-Rodt/Hamm, befindet sich ein ähnliches Tal, die „Kleine Saarschleife".

Das Baden im Fluss ist offiziell untersagt, doch mit Freizeitbooten ist er befahrbar und entlang des Ufers zwischen Saarburg und Kleinblittersdorf, an der Grenze zu Frankreich, besteht der Saar-Radweg.

Moderne Industriehäfen befinden sich bei Völklingen und Saarlouis/Dillingen. Ab Anfang der 1970er-Jahre wurde die Saar in Etappen für die Großschifffahrt ausgebaut, sodass sie heute als europäische Wasserstraße der Wasserstraßenklasse Vb deklariert ist. Vor allem vor Verlegung der Eisenbahn ab Mitte des 19. Jahrhunderts hatte die Saar eine große Bedeutung als Verkehrsweg. Zunächst wurde Holz, später dann auch Kohle saarabwärts über Mosel und Rhein bis an die Nordsee transportiert. Seit 1866 ist die Saar ab Sarreguemines mit dem französischen Saarkanal und über diesen mit dem Rhein-Marne-Kanal verbunden.

Egal ob an einer abgelegenen, dünn besiedelten Stelle in idyllischer Landschaft oder auf der beliebten Saarbrücker Saarpromenade – ein Spaziergang an dem Fluss, der voller Geschichte und Geschichten steckt und der einer Landeshauptstadt und einem Bundesland den Namen gibt, lohnt zu jeder Jahreszeit.

2 Der größte Menhir Mitteleuropas
Der Gollenstein bei Blieskastel

Die ehemalige Residenzstadt Blieskastel, „Hauptstadt des Bliesgaus", ist vor allem durch repräsentative Barockbauten geprägt, die französische Revolutionsgarden weitgehend verschont hatten. Doch das Wahrzeichen der Stadt ist wesentlich älter: Der Gollenstein auf dem Blieskasteler Berg blickt auf rund 4.000 Jahre Geschichte zurück.

Mit 6,60 Metern Höhe gilt dieses frühe vorgeschichtliche Zeugnis aus hellem Sandstein als größter Menhir Mitteleuropas. Um den hochragenden, länglichen Steinblock, in anderen Gegenden auch Hinkelstein genannt, ranken sich zahlreiche Sagen. Für die Bewohner des Bliesgaus war er seit alters her der Wetzstein des Riesen Goliath. Wahrscheinlicher aber ist, dass er vor etwa 2.000 Jahren einem prähistorischen Ahnenkult diente.

Seine eigentümliche Bezeichnung ist nicht zweifelsfrei geklärt. Aus der Mitte des 16. Jahrhunderts ist der Stein als „Guldenstein" überliefert, eine andere Quelle nennt ihn „Güldenstein", eine Ableitung von Gold im Sinne von Opfer ist ebenso naheliegend, da der Menhir Teil einer jungsteinzeitlichen Opferstätte war. Wesentlich jünger, kaum mehr als 200 Jahre alt, ist die spitzbogige Nische mit dem Christusmonogramm auf der Rückseite; in ihr konnten Gegenstände des christlichen Kults Platz finden. Somit wurde eine heidnische Kultstätte vom Christentum übernommen. Nur noch ansatzweise erkennbar ist die Relieffigur unter der Nische, sie mag eine keltische Gottheit dargestellt haben.

Vier Jahrtausende lang ragte der Gollenstein friedlich in den Himmel, bis er das Interesse von Heinrich Himmler (1900–1945) fand. Der NS-Politiker und „Reichsführer der SS" war ein Verfechter des alten Germanentums. 1935 gründete er die Ahnenerbe-Stiftung, die sich vor dem Ausbruch des Zweiten Weltkriegs 1939 mit archäologischen, anthropologischen und geschichtlichen Forschungen befasste. Der Gollenstein sollte nun von der nationalsozialistischen Germanenideologie vereinnahmt und Teil einer Thingstätte werden – um hier das völkische Gemeinschaftserlebnis unter freiem Himmel zu inszenieren.

Anders als in Berlin, Bad Segeberg oder Heidelberg wurde die beabsichtigte NS-Weihestätte auf dem Blieskasteler Berg nicht verwirklicht. Dennoch fällt eine grobe Beschädigung des einmaligen Steines in die NS-Zeit: Aufgrund seiner markanten Lage in der offenen Landschaft bewerteten Offiziere der Wehrmacht den Gollenstein als „Richtpunkt für die französische Artillerie", er stellte demnach eine Gefahr dar. Folglich wurde der Menhir nach Kriegsbeginn von Pionieren demontiert. Da jedoch die für ihn mit Stroh ausgefüllte Grube zu kurz berechnet war und beim Niederlegen des Steines ein Seil riss, stürzte er und zerbrach in mehrere Teile. Damit wurde ein jahrtausendealtes Zeugnis seiner Einmaligkeit und Schönheit beraubt. Auf

Ein heutiger Saarländer wirkt jung und klein gegenüber dem Gollenstein bei Blieskastel; dieser ist 6,60 Meter hoch und rund 4.000 Jahre alt.

Initiative des Blieskasteler Bürgermeisters und späteren saarländischen Landtagspräsidenten Alfons Dawo (1895–1968) wurde der Gollenstein wieder instand gesetzt und im November 1951 erneut an seinem angestammten Platz aufgestellt, worüber ein Gedenkstein an dieser Stelle informiert. Aufgrund der unsachgemäßen Zusammensetzung allerdings verlor er seine ursprüngliche Höhe. Dennoch stellt er auch heute noch ein bemerkenswertes Geschichtszeugnis unserer Vorfahren im Saarland dar. Mit den Menhiren am Roten Hübel und von Kirrberg (Homburg), dem „Fünfkantstein" bei Sengscheid/St. Ingbert und dem Menhir von Rentrisch/St. Ingbert befinden sich vier weitere Hinkelsteine im Landkreis Homburg.

3 Überreste aus keltischer Zeit
Der Hunnenring bei Otzenhausen

Bevor die Römer an Rhein und Mosel kamen, herrschten die Kelten über dieses Gebiet. Am Donnersberg, im Nordpfälzer Bergland, befand sich mit einer Fläche von rund 240 Hektar einst eine der größten keltischen Siedlungen nördlich der Alpen. Doch auch 50 Kilometer westlich, im Norden des heutigen Saarlands, haben sie bis heute Spuren hinterlassen: Es waren die Treverer, ein keltischer Volksstamm in Nordostgallien, der um 400 v. Chr. auf der Südspitze des annähernd 700 Meter hohen Dollbergs bei Nonnweiler-Otzenhausen seine Befestigungsanlage, ein Oppidium, errichtete.

Obwohl der außergewöhnliche Ort keine Verbindung zu den Hunnen aufweist, wird er im Volksmund auch „Hunnenring" genannt. Die stadtähnliche Siedlung wurde im Laufe ihres Bestehens mehrfach erweitert, die befestigte Fläche war zwar nur 19 Hektar groß, doch lassen nahe gelegene Funde zweier keltischer Fürstengräber aus der Mitte des 19. Jahrhunderts darauf schließen, dass dem Oppidium eine unbefestigte Siedlung angegliedert war. An einer viel genutzten Handelsstraße zwischen Paris und dem Mittelrhein gelegen, entwickelte sich der Ort zu einem wichtigen Handelsknotenpunkt im ersten vorchristlichen Jahrhundert. Im Südwesten des Ringwalls befand sich eine Quelle, die der Wasserversorgung der Bevölkerung diente.

Der Wall ist 2,5 Kilometer lang und stellenweise bis zu 12 Meter hoch, die einst 20 Meter hohen Mauern bestanden aus einem Fachwerkgerüst aus Holz, das mit mächtigen Steinblöcken gefüllt war. Insgesamt sollen hier 230.000 Kubikmeter Quarzit, ein sehr umweltbeständiges Gestein, aufgetürmt gewesen sein, das über die Jahrhunderte hinweg Schutz bot. Auch in diese Gegend zog es die Römer, die um 51 v. Chr. den Ringwall eroberten – zu einer Zeit, als das Oppidium Sitz des treverischen Fürsten Indutiomarus und seiner Sippe war. Im Gegensatz zu anderen eroberten Orten ließen sich die Römer hier nicht nieder, aber sie nutzen die Anlage als Tempelbezirk. Somit blieb sie als Stätte der religiösen Verehrung erhalten.

Doch das Interesse an dem frühgeschichtlichen Bau erlahmte, in den 1830er-Jahren nutzten die Bewohner der Umgebung den Wall als Baumaterial. Nicht bei allen stieß dieses Verhalten auf Wohlwollen. Mitglieder der „Gesellschaft für Nützliche Forschungen" in Trier informierten sogar den preußischen König über diesen Akt der Zerstörung. Daraufhin machte sich dessen Sohn, Kronprinz Friedrich Wilhelm (1795–1861), am 9. September 1836 selbst ein Bild vor Ort. Anlässlich des hohen Besuchs aus Berlin wurden auf dem Nordwall eine Treppe und im Inneren des Walls ein Platz, der sogenannte Königsplatz, angelegt. Seitdem wurde die Anlage instand gehalten und vor dem weiteren Verfall gerettet und das gesamte Areal

Der Hunnenring bei Otzenhausen stammt aus keltischer Zeit.

durch Experten des Provinzialmuseums Trier bzw. des Rheinischen Landesmuseums Trier sowie der Universität Mainz archäologisch untersucht. Im Rahmen dieser Forschungen wurde 2010 im nahe gelegenen Hermeskeil/Rheinland-Pfalz ein Römerlager freigelegt, das entstanden war, als das Oppidium Otzenhausen aufgegeben wurde.

Zu allen Zeiten, auch lange nach seinem Verfall, galt und gilt die frühgeschichtliche Befestigung südlich des Naturparks Saar-Hunsrück als magischer Ort, der immer wieder gerne erwandert wird. Gut ausgeschilderte Rundwanderwege führen über die Steinerne Treppe hoch auf das gigantische Kulturdenkmal, von dem man eine grandiose Aussicht in die Landschaft hat. Zudem bietet seit 2016 der Keltenpark Otzenhausen am Fuße des Ringwalls mit der Rekonstruktion eines keltischen Dorfes Einblicke in eine längst vergangene Epoche, die noch heute zu faszinieren vermag.

4 Die Romanisierung des Saarlands
Die Villen Borg und Nennig bei Perl

Die rund 500 Jahre andauernde römische Präsenz im Gebiet des heutigen Südwestdeutschlands begann mit der Eroberungspolitik im Jahr 58 v. Chr., die bis 70 n. Chr. währte, dann folgte bis zur Mitte des 3. Jahrhunderts eine lange Phase des Friedens, bis die Epoche der Abwehrkämpfe das Ende der römischen Vormacht in Gallien um 450 einleitete. Diese Jahrhunderte haben die Region zwischen Rhein und Mosel nachhaltig geprägt, daran erinnern auch im Saarland noch heute zahlreiche römische Relikte wie die Villa Nennig oder die Villa Borg bei Perl in unmittelbarer Grenznähe zu Luxemburg und zu Frankreich.

Wie so oft begann auch die aufsehenerregende Geschichte der Ausgrabung der römischen Villa in Nennig mit einem Zufall: 1852 entdeckte der 1824 geborene Peter Reuter auf seinem kleinen Acker Steine, die sich später als besterhaltener antiker Mosaikfußboden nördlich der Alpen entpuppen sollten. Das spektakuläre Werk stammte aus dem 3. Jahrhundert n. Chr. und befand sich einst in der Eingangshalle eines repräsentativen Landguts, das aus mehreren Wohn- und Wirtschaftsgebäuden sowie einem Badehaus bestand. Das unmittelbar nach seiner Entdeckung freigelegte und dann unter Schutz gestellte Mosaik ist rund 16 Meter lang und 10 Meter breit, also 160 Quadratmeter groß, und setzt sich aus etwa drei Millionen Steinchen zusammen. Sieben von einst acht Medaillons haben sich in geradezu einwandfreiem Zustand erhalten, sie zeigen detailreich, realistisch und farbenfroh Szenen aus einem Amphitheater: den Kampf zweier Gladiatoren, Musikanten, Schaukämpfer und blutige Tierhatzen. Dieser Mosaikteppich ist ein besonderer Schatz im Saarland und ein Stück „echter" Geschichte.

Unecht sind dagegen Inschriften und Malereien, die bei den weiteren Forschungen „gefunden" wurden. Zuständig für das Ausgrabungsprojekt war der Trierer Domkapitular und Archäologe Johann Nikolaus von Wilmowsky (1801–1880), der als Präsident der „Gesellschaft für nützliche Forschungen zu Trier" die Ergebnisse mit großem Engagement dokumentierte. Allerdings wurde er Opfer der kriminellen Machenschaften des Grabungsleiters Heinrich Schaeffer (1818–1873), der, wie sich später herausstellte, die „antiken" Inschriften angefertigt und nachts im Boden der Ausgrabungsstätte vergraben hatte. Die Inschriften besagten – und das war die vermeintliche Sensation –, dass Kaiser Trajan (53–117) Bauherr der Villa gewesen und dass während seiner Regentschaft (98–117) das Amphitheater in Trier durch Secundinus Saccius Modestus errichtet worden sei. Schließlich sollte im November 1866 eine Verhandlung in Nennig die Wahrheit ans Licht bringen, doch erst Jahre später gab Schaeffer seine Fälschungen zu.

Zu dem Nenniger Bodendenkmal, das zwei Kilometer östlich der Mosel liegt, gehört auch der „Mahlkopf", ein Grabhügel, der mit 44 Metern Durchmesser eines der größten römischen Grabdenkmäler in Deutschland darstellt. So bedeutend Nennig wegen seines Mosaiks ist, so eindrucksvoll zeigt sich wenige Kilometer südöstlich in Borg die Villa rustica. In Borg fanden seit 1987 planmäßige Ausgrabungen statt, bis zur Jahrtausendwende wurde auf dem 7,5 Hektar großen Areal die gesamte historische Anlage rekonstruiert. So können seitdem im „Archäologiepark Römische Villa Borg" das Tor- und Herrenhaus, die Wohn- und Wirtschaftsgebäude, die Taverne und das Bad als attraktives Freilichtmuseum mit zahlreichen Veranstaltungen und Angeboten genutzt werden. Zugleich dient das prachtvolle Herrenhaus als Regionalmuseum für archäologische Funde. Alljährlich finden hier die Römertage statt, die mit einer Vielzahl an Aktivitäten einen anschaulichen Einblick in Alltag und Kultur der Römer bieten.

‹ Der Archäologiepark Römische Villa Borg bietet eine rekonstruierte Villa rustica und damit Einblicke in Alltag und Kultur der Römer.

5 Nur Schmuck, keine Knochen
Das Fürstinnengrab von Reinheim

Auch in anderen Gegenden des heutigen Saarlands hatten sich einst die Römer niedergelassen. Nachgewiesen sind etwa ein Mithras-Heiligtum auf dem Halberg bei Saarbrücken, ein Tempelbezirk in Bierbach/Saarpfalz-Kreis, eine Villa bei Mechern/Merzig oder eine Siedlung in Schwarzenacker/Homburg. Bei Reinheim/Saarpfalz-Kreis etwa konnte ebenfalls eine römische Villa auf großzügigem Grundriss nachgewiesen werden. Doch wesentlich sensationeller noch ist ein Fund, der in ihrer Nähe gemacht wurde: ein keltisches Fürstinnengrab.

Bei Arbeiten in einer Sandsteingrube auf dem Katzenbuckel, einer Erhebung bei Reinheim an der Grenze zu Frankreich, stieß der Bauunternehmer Johann Schiel im Februar 1954 auf einen Gegenstand, den er für historisch hielt und den er ordnungsgemäß dem Staatlichen Konservatoramt Saarbrücken meldete. Bereits zwei Jahre zuvor hatte er hier menschliche Knochen und einen Bronzering gefunden. Wie sich herausstellte, handelte es sich bei dem neuen Fund um einen Bronzespiegel. Unmittelbar nach dem Glücksgriff begann eine archäologische Ausgrabung, die filigrane Schmuckstücke eines Grabhügels zutage förderte. Sie stammten aus der Frühlatènezeit (um 370 v. Chr.) und waren Grabbeigaben einer hochgestellten Person. Allerdings fehlten die dazu gehörigen Knochenreste, sie hatten sich im Laufe der Jahrhunderte durch die kieselsäurehaltige Erde komplett aufgelöst.

Die Lage und die Gegenstände (u.a. ein offener Halsring aus Gold, goldene Fingerringe, bronzene Maskenfibel, Teile einer Stangengliederkette, Armringe aus Gold und Glas, Tierfibel, goldener Armreif, Glas- und Bernsteinperlen) führten Experten zu dem Schluss, dass es sich bei der bestatteten Person um eine erwachsene, 1,60 Meter große Frau handelte. An der Ostwand der nicht mehr vollständig erhaltenen Grabkammer fand sich außerdem eine vergoldete Bronzekanne mit Deckel. Aufgrund der wertvollen Stücke, die heute im Museum für Vor- und Frühgeschichte in Saarbrücken bestaunt werden können, erhielt der Fundort die Bezeichnung Fürstinnengrab. Die außergewöhnlichen Grabbeigaben belegen eine hohe gesellschaftliche Stellung der hier Bestatteten, wahrscheinlich war sie eine Priesterin oder Heilerin, die eine kultische Funktion wahrnahm.

Bei nachfolgenden Ausgrabungen wurden Reste von drei weiteren Monumentalgräbern, Bronzegegenstände sowie menschliche und tierische Knochen gefunden. Die wissenschaftlichen Untersuchungen ergaben für Reinheim eine ununterbrochene Siedlungsgeschichte vom 13. Jahrhundert v. Chr. bis ins 7. Jahrhundert n. Chr. Dass die frühgeschichtlichen Gegenstände der Nachwelt überliefert sind, liegt vor allem daran, dass beim Sandabbau in den 1950er-Jahren mit Schaufeln und noch nicht mit Baggern gearbeitet wurde.

Im Jahr 1989 entstand als deutsch-französisches Gemeinschaftsprojekt der „Europäische Kulturpark/Parc archéologique européen de Bliesbruck-Reinheim“, der sich für den Erhalt und die Präsentation der hier entdeckten Geschichte einsetzt. Nach und nach wurde der Archäologiepark erweitert. So sind einerseits die Reste der römischen Villa erlebbar, andererseits beeindruckt die Nachbildung des begehbaren keltischen Grabhügels. Ein besonderes Exponat ist hierbei die Rekonstruktion des reich ausgestatteten Fürstinnengrabs: Eine bekleidete Gipsfigur trägt Replikate, sodass Besucher eine Vorstellung von der Begräbnissituation vor rund 2.400 Jahren erhalten.

Zu den Kostbarkeiten des Fürstinnengrabs Reinheim gehört auch ein Goldarmring aus vorchristlicher Zeit.

6 Zum Wohl
Der Saarwein

Zur vielseitigen Kultur, die die Römer aus dem sonnigen und milden Süden einst mitbrachten, gehört auch der Weinanbau zwischen Mosel und Rhein. Bis zum Jahr 2006 lautete die Bezeichnung für eines der 13 deutschen Weinanbaugebiete „Mosel-Saar-Ruwer", benannt nach den drei Flüssen im Südwesten. Doch seitdem gehört der Saarwein zum Anbaugebiet „Mosel" in Rheinland-Pfalz, der im Saarland hergestellte Wein nennt sich andererseits Moselwein; das klingt verwirrend.

Abgesehen von der Zeit unter den Römern, mit deren Abzug zunächst auch der Weinanbau in Vergessenheit geriet, sind Rebflächen im heutigen Saarland bereits für das ausgehende Mittelalter nachgewiesen. Bekannt ist auch ein Weinberg beim barocken (Anfang des 18. Jahrhunderts errichteten und 1793 zerstörten) Lustschlösschen „Monplaisir" auf dem damals unbewaldeten Halberg bei Saarbrücken, den Fürst Wilhelm Heinrich von Nassau-Saarbrücken (1718–1768) 1762 anlegen ließ. Selbst der bekannte Schriftsteller und bis heute oft zitierte „Benimmratgeber" Adolph Freiherr Knigge (1752–1796), der wenige Jahre vor der Französischen Revolution (1789) die Gegend um Saarbrücken bereiste, zeigte sich als Menschen- und Weinkenner beeindruckt von den Weinbergen oberhalb der Saar und würdigte die „Absicht, hier trinkbaren Wein zu ziehen".

Zahlreiche Zerstörungen, die sich in der Region ereigneten und von der auch Landwirtschaft und Weinanbau betroffen waren, schließlich die große Reblausplage zu Beginn des 20. Jahrhunderts sowie die unbeständigen politischen und wirtschaftlichen Verhältnisse im Saargebiet, auch der allgemeine Konzentrationsprozess ab 1950 führten zum Niedergang des Weinanbaus an der Saar.

Heute gibt es nur noch rund 20 Weinbaubetriebe, von denen die meisten Winzer im Nebenerwerb arbeiten. Gelesen werden die wenigen Trauben in den Orten Perl, Oberperl, Sehndorf und Nennig, d.h., der saarländische Wein kommt von der Obermosel, nicht von der Saar. Hier befindet sich die Großlage „Schloss Bübingen" mit den sechs Einzellagen „Perler Hasenberg", „Perler St. Quirinusberg", „Sehndorfer Klosterberg", „Sehndorfer Marienberg", „Nenniger Schlossberg" und „Nenniger Römerberg". Seit wenigen Jahren wird in geringem Maße auch in Merzig, in Beckingen und im Bliesgau (Reinheim/Gersheim) sowie in Kleinblittersdorf ertragreicher Weinbau betrieben.

Der „saarländische Landwein", wie der hier im Land erzeugte Qualitätswein eines bestimmten Anbaugebiets (QbA) heißt, besteht vor allem aus den weißen Rebsorten Grauburgunder, Elbing, Auxerrois, Weißburgunder sowie Müller-Thurgau und der klassischen Rotweinsorte Spätburgunder. Wein aus dem Saarland ist etwas

Weinberge im Saarland sind selten; hier ein paar Rebenzeilen in St. Ingbert, unterhalb des historischen Bahnhofsgebäudes.

Besonderes, weil selten, doch die Qualität stimmt, denn der hier vorherrschende Muschelkalkboden verleiht den Weinen eine besondere Note, eine fruchtige Säure und unverwechselbare Eleganz. Der „Saarwein“ dagegen, um es nochmals zu präzisieren, gehört zum 1.480 Hektar großen rheinland-pfälzischen Weinanbaugebiet Mosel; hier werden vor allem die Sorten Riesling, Grauburgunder, Kerner und Rivaner sowie die Rotweinsorten Blauer Spätburgunder und Dornfelder angebaut.

Eine der vielen saarländischen Besonderheiten gibt es darüber hinaus in St. Ingbert zu entdecken: Auch hier befindet sich ein Weinberg! Er besteht aus 99 Rebstöcken der weißen Rebsorte Blauer Muskateller, die aus Sachsen stammen und die 2008 anlässlich der 20-jährigen Partnerschaft der Städte St. Ingbert und Radebeul gepflanzt wurden. Die Reben stehen unterhalb eines bemerkenswerten Gebäudes: Es handelt sich um das erste, 1867 eröffnete Bahnhofsgebäude der Stadt (heute italienisches Restaurant). Ob in St. Ingbert, an der Saar oder im Saarland – die hier erzeugten Weine munden allemal, besonders zu einem typisch saarländischen Gericht wie „Dibbelappes“, einer gehaltvollen Kartoffelpfanne mit würzigem Dörrfleisch!

7 Das älteste Kloster auf deutschem Boden
Die Abtei Tholey

Die rund 12.000 Einwohner zählende Stadt Tholey im Westen des Landkreises St. Wendel kann auf eine lange Geschichte zurückblicken; hier siedelten bereits die Kelten, dann die Römer. Römischen Ursprungs ist auch der Ortsname, er leitet sich vom lateinischen Wort „tegolegium" ab und bedeutet „ziegelbedecktes Gebäude". Bedeutend ist der Ort für die Kirchengeschichte: Die Abtei Tholey ist das älteste Kloster auf deutschem Boden.

Als Stifter der Abtei gilt Adalgisel Grimo, ein wohlhabender Adliger und Diakon, der an der Bischofskirche Verdun/Lothringen ausgebildet wurde. Laut Testament aus dem Jahr 634, das jedoch nicht mehr im Original, sondern nur in einer Abschrift aus dem 10. Jahrhundert vorliegt, vermachte Adalgisel Grimo seinen Besitz dem Bistum Verdun. Die Urfassung gilt als älteste bekannte frühmittelalterliche Urkunde für die Region um Maas und Rhein. Schon vorher lebten hier klösterliche Gemeinschaften. Der Überlieferung nach soll in der zweiten Hälfte des 6. Jahrhunderts der heilige Wendelin (554–617), Schutzpatron der Hirten und Namensgeber der Stadt St. Wendel, missionarisch tätig gewesen sein. Hatte die Bevölkerung bislang an keltische Gottheiten geglaubt, nahm sie nun dank seines Wirkens den christlichen Glauben an.

Verehrt werden hier ebenso Kuno I. von Pfullingen (um 1016–1066), Erzbischof von Trier, der in der Grabkapelle der Abteikirche bestattet ist, und der aus Ägypten stammende, um 290 verstorbene heilige Mauritius – nach ihm ist bis heute die Benediktinerabtei benannt. Dank dieser Kirchenpatrone war Tholey über Jahrhunderte ein beliebter Wallfahrtsort.

Das Kloster entstand auf den Resten einer römischen Badeanlage, seit etwa 750 galt hier die Regel des heiligen Benedikts. Die dreischiffige gotische Abteikirche aus hellem Sandstein, wie sie sich heute zeigt, wurde um 1300 vollendet, damit ist sie eine der ältesten Kirchen der Gotik in Deutschland. Mehrfach erweitert und um 1720 barockisiert, war sie ein geistliches Zentrum der Region, immer wieder aber auch den politischen Wirren der Zeit ausgesetzt. 1793 beendeten die französischen Revolutionstruppen das klösterliche Leben, die in der Barockzeit errichteten Gebäude und die Kirche wurden geplündert und zerstört, die Anlage wurde säkularisiert und schließlich als französisches Nationaleigentum versteigert. 1806 erwarb die Gemeinde Tholey die Abteikirche als Pfarrkirche. Erst nach mehr als 150-jähriger Unterbrechung kehrte eine klösterliche Gemeinschaft zurück. 1950 siedelten sich Mönche aus der Trierer Benediktinerabtei St. Matthias in Tholey an, seit dieser Wiederbesiedelung gehört das Kloster zur Beuroner Kongregation.

Die gotische Abteikirche Tholey (um 1300 vollendet) ist dem Heiligen Mauritius geweiht.

Nach Um- und Neubauten und Renovierungsmaßnahmen sowie der Wiederherstellung des Klostergartens nach historischem Vorbild entwickelte sich ein neues geistliches Zentrum im Saarland. Ein besonderes Schmuckstück der Kirche sind seit 2020 drei jeweils 1,95 x 9,30 Meter große Chorfenster in der Apsis, die Gerhard Richter entworfen hat und die inzwischen zu einem Publikumsmagneten geworden sind. Neben dem Richter-Fenster im Kölner Dom sind es die einzigen Kirchenfenster nach einem Entwurf des 1932 geborenen Künstlers. Mit diesen eindrucksvollen abstrakten Motiven verbindet sich in Tholey älteste Kirchengeschichte mit moderner Kunst.

8 Vom spirituellen Zentrum zum Steinbruch
Die Abtei Wadgassen

Wie geschichtsträchtig das Saarland, insbesondere die grenznahe Region zu Frankreich ist, belegen zahlreiche alte Grenzsteine auf der Gemarkung Wadgassen, die mal einen Wadgasser Abtsstab, dann eine nassauische Wolfsangel oder eine Bourbonen-Lilie und ein Lothringer Kreuz zeigen. Ursprung der heutigen Gemeinde Wadgassen ist ein fränkischer Königshof, an dem sich im Jahr 902, so eine Urkunde, Ludwig das Kind (893–911), der letzte König der ostfränkischen Karolinger, aufgehalten hat. Bedeutung erlangte der Ort zwischen Völklingen und Saarlouis jedoch erst mehr als 200 Jahre später, mit dem 1135 gegründeten Augustinerchorherrenstift.

Die 1137 durch den Trierer Erzbischof Albero von Montreuil (um 1080–1152) geweihte Konventskirche war etwa 200 Jahre Grablege der Grafen von Saarbrücken. Ende des 12. Jahrhunderts übernahmen die Prämonstratenser die Abtei. Der Orden war 1120 von dem Wanderprediger Norbert von Xanten (um 1080–1134) in Prémontré bei Laon gegründet worden. Grundlage der Gemeinschaft war die Augustinerregel, die eine kontemplative monastische Lebensführung mit der Seelsorge außerhalb des Klosters verbindet.

Durch Schenkungen und Erbschaften erreichte die Abtei Wadgassen einen wirtschaftlichen Wohlstand, der mit ihrer geistlichen Bedeutung korrespondierte. Der Visitations- und Verwaltungsbezirk erstreckte sich von Oberlothringen und Süddeutschland bis in den Harz. Über 200 Güter, Höfe und Mühlen sowie Kirchen waren im Besitz der Abtei. Zu den mittelalterlichen Gebäuden, die sich bis heute erhalten haben, gehören der Wadgasserhof in Kaiserslautern, ein ehemaliges Hospital (heute Teil des Theodor-Zink-Museums) mit Wirtschaftsgebäuden, und auch die Brommersbacher Mühle in Bous. Über Jahrhunderte hinweg prägte Wadgassen das geistlich-kulturelle Leben der Region und beflügelte ihre wirtschaftliche Entwicklung. Im Unterschied zu vielen anderen Klöstern blieb die Gemeinschaft in der Reformation bei ihrem Glauben.

Die Blütezeit schlug sich auch in der Architektur nieder; bis zur Mitte des 18. Jahrhunderts wurde die gesamte Anlage barockisiert. Auf Basis eines Tauschvertrags gelangte Wadgassen 1766 an das Königreich Frankreich. Eine Generation später bedeuteten die Folgen der Französischen Revolution mit Besetzung, Plünderung und Versteigerung das Ende der traditionsreichen Abtei. Jean Baptiste Bordier, der letzte Abt des Ordens, floh nach Prag, wo er 1799 verstarb. In diesen Jahren zerfiel die Klosterkirche, von der nur noch Grundmauern zu sehen sind. Große Teile der ehemaligen Klosteranlage wurden als Steinbruch missbraucht.

Das Verwaltungsgebäude der ehemaligen Prämonstratenserabtei Wadgassen beherbergt seit 2004 das Deutsche Zeitungsmuseum.

Ein wirtschaftlicher Neuanfang gelang Nicolas Villeroy (1759–1843), Jean-François Boch (1782–1858) und Eduard Karcher (1818–1895), die 1843 auf dem Gelände die Cristallerie Wadgassen gründeten, die bis 1986 in Betrieb war und die Glasproduktion im Saarland dominierte.

Das ehemalige Verwaltungsgebäude der Abtei, ein schlichter und zugleich großzügiger Bau, überdauerte die Zeiten und beherbergt seit 2004 das Deutsche Zeitungsmuseum. Vorhanden sind ferner das einstige Klostergebäude, das Forsthaus, das Hospital und das Torhaus.

9 Das älteste Sakralgebäude im Saarland

Der Alte Turm in Mettlach

Neben der Saarschleife und der Ludwigskirche in Saarbrücken besteht mit dem Alten Turm in Mettlach ein weiteres Wahrzeichen des Saarlands. Zwar gibt es in der Region zahlreiche Funde aus der Römerzeit, doch der Turm gilt als ältestes erhaltenes Bauwerk des Mittelalters.

Der Bau wurde um 990 und damit in ottonischer Zeit errichtet, und zwar als Grabkapelle für den 717 verstorbenen heiligen Lutwinus, Bischof von Trier und Gründer des Klosters Mettlach. Schon früh wurden dem fränkischen Adligen und Urgroßvater Karls des Großen Wundertaten nachgesagt, daher entwickelte sich ab der Jahrtausendwende die um 675 erbaute Klosterkirche St. Peter und Maria zu einem viel frequentierten Wallfahrtsort.

Der dreigeschossige Turm steht mit seinem hohen Rundbogen auf einer oktogonalen Grundform. Im Inneren des Erdgeschosses befanden sich einst sechs halbrunde Nischen und im Obergeschoss war eine Marienkapelle untergebracht, d.h. der Turm fungierte als Doppelkirche. In Zeiten, die durch Glaube und Aberglaube geprägt waren, brachten Geistliche psychisch Kranke in den Turm, damit ein Heilschlaf sie vom Dämon befreite. Mitte des 13. Jahrhunderts wurde in den Turm anstelle des offenen Dachstuhls ein Sternrippengewölbe eingebaut, zwei Jahrhunderte später wurde er aufgestockt und mit einem gotischen Zeltdach versehen. Er vereinte also verschiedene Stilrichtungen und diente der Pfarrgemeinde Mettlach in den Jahren 1770 bis 1794 als Pfarrkirche.

Der hochmittelalterliche Bau bzw. dessen Ruine hat alle Höhen und Tiefen der jahrhundertealten Klosteranlage überdauert – Umbauten, Erweiterungen, Abriss, Revolution, Säkularisierung, sogar bei Übernahme und Nutzung des Areals durch die Keramikfirma Villeroy & Boch blieb er erhalten, im Gegensatz etwa zur romanischen Peterskirche, die 1819 abgerissen wurde. Allerdings verlor der Turm seine Funktion als sakrales Gebäude, daher wurde das Dachgebälk als Baumaterial verwendet. Dies wiederum führte zu witterungsbedingten Bauschäden, das westliche Obergeschoss und das gotische Treppentürmchen stürzten ein.

Dass der Rest des Turms erhalten blieb und dann denkmalgerecht gesichert wurde, ist das Verdienst des bedeutenden preußischen Baumeisters Karl Friedrich Schinkel (1781–1841), der Mettlach 1826 besuchte. Er erkannte den baugeschichtlichen Wert des besonderen Baus: „Eine alte Ruine, achteckig, aus Karls des Großen Zeit, aber im 14. Jahrhundert durch eingebaute Spitzbögen verändert, steht im Garten, dicht an dem großen Fabrikgebäude, man wollte sie wegreißen, durch unser Zureden ist sie gerettet worden." Der sog. Schinkelbrunnen unweit des Turms stammt von dem Berliner Architekten und erinnert zugleich an ihn. Der preußische Kronprinz Friedrich Wilhelm IV. (1795–1861) schenkte ihn 1838 der Familie Boch.

Der Alte Turm in Mettlach (um 990) ist das älteste erhaltene Bauwerk des Mittelalters im Saarland.

Der Alte Turm bietet mit seinem großen Bogen auf der Eingangsseite noch heute einen Einblick in die Architektur des ausgehenden 10. Jahrhunderts. Inzwischen mehrfach saniert, ist das besondere Bauwerk, das auch auf Briefmarken abgebildet war, ein beliebtes Fotomotiv – und, wie gesagt, ein weiteres Wahrzeichen des Saarlands.

10 Ein sagenreicher Ort bei Rehlingen
Die Siersburg

Die zahlreichen Burgen des romantischen Mittelrheins stecken voller Sagen, doch auch im Saarland trieben Hexen, junge Ritter, Burgfräulein und Zauberer ihr Wesen und Unwesen. Zu diesen Orten zählt die Siersburg auf dem 360 Meter hohen Bergmassiv bei Rehlingen.

Schon die Geschichte der in der Mitte des 12. Jahrhunderts errichteten, auch Siersberg genannten Höhenburg ist sagenhaft. Wie die Burgen am Rhein diente das mächtige Bauwerk einst zur Kontrolle der Schifffahrt, hier der auf der Saar, zudem lag sie strategisch günstig an einer alten Handelsstraße, die Metz mit Mainz verband. Wie andere Burgen und Klöster war die Siersburg im Laufe der Jahrhunderte im Besitz unterschiedlichster Eigentümer, mal gehörte sie den Grafen von Saarbrücken, dann den Herzögen von Lothringen, dann dem Bistum Trier, schließlich den Edelherren von Siersburg, die bis zur Mitte des 16. Jahrhunderts auch die Herrschaft über das am rechten Saarufer gegenüber gelegene Dillingen hatten. Es folgten weitere Familien, die die Anlage als lothringisches Lehen verwalteten. Im Dreißigjährigen Krieg (1618–1648) wurde die Burg zum Spielball zwischen Frankreich und dem Heiligen Römischen Reich Deutscher Nation, durch Zerstörungen zerfiel sie zunehmend und sie verlor damit ihre militärische Bedeutung. Letztlich besiegelten französische Revolutionstruppen 1793 ihr Ende.

Im Jahr 1937 erwarb Franz von Papen (1879–1969), vorletzter Reichskanzler der Weimarer Republik, die Burg. Sie blieb bis zur Übernahme durch die Gemeinde Siersburg (1979) im Besitz der Familie von Papen. Nach umfangreichen Sanierungsmaßnahmen dient der massive 16 Meter hohe Turm als Aussichtsturm mit schöner Rundumsicht, ansonsten sind nur Mauerreste vorhanden.

So abwechslungsreich die Geschichte der Burg ist, so vielfältig sind die überlieferten Sagen: Eine Volkssage berichtet von der Mutter Margarete, die mit ihrem trinkfreudigen Sohn Maldix auf der Burg auf dem Litermont wohnte. Immer wenn dieser junge Ritter in Wut geriet, lief sie durch einen unterirdischen Gang zu ihrem anderen, frommen Sohn auf die Siersburg.

Eine weitere Sage erzählt ebenfalls von einem Ritter vom Litermont, der ein Burgfräulein auf der Siersburg liebte. Da die junge Dame aber einem anderen Herrn versprochen war, nahm der Ritter die Dienste einer Hexe in Anspruch, die bei der Beckinger Felsmühle wohnte und die der Geliebten einen Liebestrank braute. Da dieses Getränk jedoch nur von einem geweihten Einsiedler überbracht werden durfte, verkleidete sich der bösartige Bruder der Hexe als Kaplan, ließ sich auf der Siersburg nieder und machte sich nicht nur das Burgfräulein gefügig, sondern er verging sich auch an einer Magd, auf die bereits ein Stallknecht ein Auge geworfen hatte. Voller Eifersucht bat der die Hexe nun ebenfalls um Hilfe. Als die Alte vom

Zahlreiche Sagen ranken sich um die mittelalterliche Siersburg bei Rehlingen.

Treiben ihres Bruders erfuhr, braute sie erneut einen Liebestrank, der jedoch Gift enthielt. Die Magd verstarb, ihr Tod war nichts weiter als die Rache der Hexe an ihrem Bruder. Dieser verließ die Siersburg, der Stallknecht wurde verbannt, nachdem er die Geschichte aufgedeckt hatte, und die Hexe endete am Galgen, wo sie den Raben ein Fraß war – daher stammt die Bezeichnung Galgenvögel.

Eine andere Sage trägt den Titel „Der Sargnagel im ritterlichen Pferdehuf und der Hexenmeister von Rehlingen“. Die anmutigste Sage jedoch überliefert das „Trompetenspiel dreier Brüder“: Der älteste Bruder residierte danach auf der Schaumburg bei Tholey, der mittlere auf dem Litermont und der jüngste wohnte auf der Siersburg. Jeden Morgen begrüßten sich die drei Ritter mit einem Trompetensignal. Noch lange nach der Zerstörung der Burgen soll man das klangvolle Spiel der Brüder gehört haben, gelegentlich erklinge es sogar noch heute, heißt es.

11 Ein Ort wechselvoller Geschichte
Die Burg Montclair

Noch sagenhafter als die Siersburg ist die Burg Montclair. Schon der Name der oberhalb der Saarschleife gelegenen Anlage klingt geheimnisumwittert; er leitet sich vom lateinischen „mons clarus“ ab, das bedeutet „heller Berg“. Auf dem strategisch günstig gelegenen hohen Bergrücken bei Mettlach hatten sich schon die Kelten, später dann die Römer niedergelassen.

Alt-Montclair, der in der zweiten Hälfte des 12. Jahrhunderts errichtete Vorgängerbau der heutigen Anlage, gehörte mit rund 900 Metern Länge zu den größten Höhenburgen des Hochmittelalters. Auch sie diente der Kontrolle des Flussverkehrs, und wie bei der Siersburg lagen hier unterschiedliche Eigentumsverhältnisse vor. Ebenso sah Neu-Montclair, im Auftrag Arnolds VI. von Sierck (1366–1455) im Jahr 1439 vollendet, mehrere illustre Adelsgeschlechter kommen und gehen, bis die Burg bereits ab 1620 zunehmend an strategischer Bedeutung verlor und die Bausubstanz nach und nach verfiel.

Infolge der Beschlüsse des Wiener Kongresses (1815), bei dem nach dem Sturz Napoleons (1769–1821) über die Neuordnung des europäischen Kontinents beraten wurde, kamen die Saarregion und damit auch die Burgruine an den preußischen Staat. König Friedrich Wilhelm IV. (1795–1861), der „Romantiker auf dem Thron“, ließ nicht nur Burgen am Rhein instand setzen, sondern auch die Ruine Montclair durch den Architekten und Kunsthistoriker Ferdinand von Quast (1807–1877) restaurieren und die Umgebung archäologisch untersuchen.

Der Unternehmer Eugen Boch (1809–1898) kaufte 1870 das Areal. Boch war nicht nur Mitinhaber der erfolgreichen Keramikfabrik Villeroy & Boch, sondern auch Bürgermeister von Mettlach und Abgeordneter des Provinz-Landtags. 1935, unter dem Zeichen des Hakenkreuzes, sollte die Burg Teil einer „Reichsschulungsburg“ werden. Reichskanzler Adolf Hitler (1889–1945) hatte eine Thingstätte für 4.000 Personen geplant, ein Schulungsgebäude sowie eine „Ehrenhalle für die Opfer an der Saar“. Hier sollte der Nachwuchs des künftigen Führungspersonals der NSDAP ausgebildet werden. Die neue NS-Ordensburg war als „Dankesgabe an das Saarvolk“ gedacht, da die Saarbevölkerung 1935 mehrheitlich für die Rückkehr nach Deutschland gestimmt hatte. Vorrang hatte jedoch zunächst der Bau des Westwalls. Hitlers „Dankesgabe“ erfolgte schließlich in Form des „Gautheaters Saarbrücken“.

Durch den Ausbruch des Zweiten Weltkriegs wurde die Ordensburg nicht mehr verwirklicht. 1991 verkaufte die Familie von Boch das mittlerweile verwahrloste Montclair-Anwesen an den Landkreis Merzig-Wadern, der die Burg sichern und hier ein Burgmuseum einrichten ließ. Die Anlage mit dem 22 Meter hohen Nordostturm, den bis zu vier Meter dicken Mauern und den massiven Rundtürmen der Rondelle wirkt trutzig und beeindruckend. Jahr für Jahr,

Umgeben von der Saarschleife ist die Burg Montclair, ein Ort voller Geschichte und Geschichten.

vor allem in den Sommermonaten, ist sie ein beliebtes Ausflugsziel (mit Bistro und Biergarten) in unmittelbarer Nähe zur Saarschleife. Zu den zahlreichen Sagen der Burg gehören „Der Mettlacher Klosterhannes und der Graf von Montclair", „Der büßende Ritter am Johannisbrunnen" oder auch „Die Bienen retten Montclair". Selbst ohne diese teils heiteren, teils melancholischen Geschichten ist die von der Saar umflossene und gerahmte Burg ein sagenhafter Ort mit einem grandiosen Ausblick auf eine zauberhafte Landschaft.

12 Größte romanische Kirche des Landes
St. Peter in Merzig

Einst römische Siedlung, dann fränkischer Königshof – obwohl auch Merzig auf eine jahrhundertealte Geschichte zurückblicken kann, hat der heute 30.000 Einwohner zählende Ort erst seit 1857 Stadtrechte. Die Stadt ist geografisch günstig gelegen, nach Saarbrücken und Trier wie nach Luxemburg und Metz sind es jeweils 50 Kilometer.

Für die Umgebung westlich und östlich der Saar war Merzig seit alters her ein Ort des Glaubens. Zu den Sehenswürdigkeiten im Stadtzentrum gehört die Kirche St. Peter, die als größter romanischer Kirchenbau des Saarlands gilt. Die Gestalt, in der sie sich heute zeigt, erhielt sie in den Jahren um 1200 für die Prämonstratenserabtei, die hier 1182 in Nachfolge eines Augustinerchorherrenstifts neu etabliert wurde. In der Folge der Französischen Revolution wurde diese dann aufgehoben.

Die dreischiffige Basilika mit Westturm, Langhaus, gewölbtem Querhaus und Chor ist mit ihren zahlreichen Schmuckelementen (Schachbrettfriese, Kleeblattarkaden, Mauerblenden, Treppentürmchen) sowie den das Kirchenschiff dominierenden Säulen aus rotem Sandstein ein typischer Bau der Spätromanik. Er ähnelt Kirchen im Rheinland, betont allerdings seine Eigenständigkeit. Doch auch St. Peter wurde in späteren Epochen verändert, so stammt aufgrund eines Einsturzes das heutige Langhaus aus dem späten 16. Jahrhundert. Mehrere Brände beeinträchtigten die Bausubstanz zudem so sehr, dass auch die Türme weitgehend nicht mehr original erhalten sind. Mitte des 18. Jahrhunderts wurden die gotischen Fenster durch romanische Rundbögen ersetzt, um das ursprüngliche Aussehen des Kirchenbaus wiederherzustellen.

Bemerkenswert ist die Ausstattung im Inneren, auch hier lassen sich Kunstwerke aus verschiedenen Epochen entdecken. Zu den ältesten Exponaten gehört ein ausdrucksstarkes gotisches Gabelkreuz (um 1300). Eine Beweinungsgruppe und eine Pietà stammen aus dem 17. Jahrhundert und aus der Barockzeit kommen ein Wanddrehtaufbecken, eine Marien- und Nikolausfigur sowie die Apostelfiguren, schließlich überrascht der kleine, aber feine Rokoko-Hochaltar. Die Malereien (um 1900) von Heinrich Klein im Stil der Nazarener spiegeln die Kunstauffassung des 19. Jahrhunderts wider. Die Kreuzwegstationen dagegen sind jüngeren Datums, sie entstanden 1961 nach Entwürfen des in Budapest ausgebildeten und in Saarbrücken verstorbenen Architekten und Künstlers György Lehoczky (1901–1979). Ebenfalls aus der Nachkriegszeit stammen die Glocken der Saarlouiser Glockengießerei sowie die Klais-Orgel im Westchor oder die farbenfrohen Bleiglasfenster im Chor. Der 1935 geborene Mainzer Künstler Alois Plum schuf diese Fenster, sie stellen eine gelungene Symbiose zwischen der Romanik und der Kunst der 1960er-Jahre her.

Zwar sind die romanischen Dome am Rhein eindrucksvoller, doch mit einer

St. Peter in Merzig, die größte romanische Kirche des Landes, steckt voller Überraschungen.

Länge von 68 Metern und einer Turmhöhe von 48 Metern beeindruckt auch die mehr als 800 Jahre alte Basilika St. Peter in Merzig – dies ist der größte romanische Sakralbau des Saarlands.

Sehenswert ist darüber hinaus die historische Bausubstanz in unmittelbarer Nähe der Kirche, die verschiedene Architekturepochen entdecken lässt. Zu den bemerkenswerten Gebäuden im Zentrum der Stadt zählen das einst als kurfürstliches Jagdschloss (um 1650) errichtete Stadthaus, der prachtvolle Barockbau in der Poststraße (heute Tourist-Info) oder auch zahlreiche Behörden-, Wohn- und Geschäftshäuser der Gründerzeit und des Jugendstils.

13 Abseits der Hauptstraße
Das Wilhelminenkloster Gräfinthal

Etwas versteckt im südlichen Bliesgau, wenige Meter nördlich der deutsch-französischen Grenze, weist ein touristisches Hinweisschild auf das Gräfinthal hin. Die merkwürdige Bezeichnung macht neugierig, und nach Überwindung schmaler Straßen steht man vor einer faszinierenden Ruine, die zu einer unterhaltsamen Geschichtsstunde einlädt.

An diesem idyllischen Ort gründete der Überlieferung nach 1243 Gräfin Elisabeth von Blieskastel – daher die Bezeichnung Gräfinthal – ein Kloster. Sie verstarb 1273 und wurde vermutlich hier bestattet. Die ersten Mönche, die an diesem Ort siedelten, beriefen sich auf Wilhelm von Malavalle (um 1100–1157), der in der Toskana ein Eremitenleben geführt hatte und 1202 von Papst Innozenz III. (1161–1216) heiliggesprochen wurde. Die Einsiedler, die das Kloster zu

Eine Entdeckung wert ist auch die Ruine des Wilhelminenklosters Gräfinthal im südlichen Bliesgau.

einem Marienwallfahrtsort ausbauten, wurden Wilhelmiten genannt.

Wie die gesamte Region wurde auch die Klosteranlage im Laufe ihres jahrhundertelangen Bestehens mehrfach zerstört und stets wieder aufgebaut. Eine Blütezeit erlebte das Kloster Gräfinthal von 1714 bis 1718, als dem ehemaligen polnischen König Stanislaus Leszczyński (1677–1766) Asyl im Herzogtum Pfalz-Zweibrücken gewährt wurde. Er ließ das Konventsgebäude und die Klosterkirche instand setzen und hier seine 1699 geborene und bereits 1717 nach einem Giftanschlag verstorbene Tochter Anna beisetzen.

Nach der Auflösung des Klosters 1785 und der Übersiedlung der Eremiten nach Blieskastel verfiel die Anlage, bis sie 1803 als französisches Nationaleigentum versteigert wurde. Der neue Eigentümer, der Unternehmer Jean-Baptist Mathieu, späterer Bürgermeister von Saargemünd, betrieb hier kurzzeitig eine Seidenmanufaktur. Ihm ist der gelungene Umbau des noch vorhandenen Chors der Klosterkirche zur heutigen Kapelle zu verdanken. Diese wiederum erwarb 1888 und damit mehr als 40 Jahre nach dem Tod Mathieus ein eigens für den Erhalt des Baus gegründetes Kirchenkomitee, das sich dem Denkmalschutz verpflichtet fühlte, die Kapelle umfassend renovieren ließ und sie im Januar 1901 der katholischen Pfarrei Bliesmengen-Bolchen schenkte. Die zum Bistum Speyer gehörende Gemeinde reaktivierte die Wallfahrt und setzte sich für die Wiederbelebung des klösterlichen Lebens ein. Seit 1993 leben wieder Benediktiner am Ort, seit 2014 gehören sie zum italienischen Olivetanerkonvent.

Das ehemalige Wilhelminenkloster Gräfinthal wird gerne von Pilgern aufgesucht, da es auf dem saarländischen Teil des Jakobswegs Hornbach–Metz liegt. Ebenso zahlreich kommen Touristen wegen der seit 1932 bestehenden Freilichtbühne und wegen der gut ausgeschilderten Wanderwege, die durch eine der schönsten Landschaften des Saarlands führen.
Eine architektonische Besonderheit und Rarität auf dem beschaulichen Gelände ist das 1766 errichtete Taubenhaus. In der Barockzeit galt es als Statussymbol, denn das Recht, Tauben zu halten und zu verspeisen, war nur dem Adel und der hohen Geistlichkeit vorbehalten. Heute bietet die Gastronomie Köstlichkeiten für jedermann. Vor allem im Sommer, wenn man im Freien unter alten Bäumen sitzen kann, werden dem aufgeschlossenen Besucher die Kulturgeschichte und die Spiritualität des faszinierenden Ortes bewusst.

14 Ein Glücksfall für die Region
Die Hugenotten in Ludweiler

Nicht nur Juden haben als konfessionelle Minderheit nachhaltig Spuren ihres geistig-kulturellen Lebens im heutigen Saarland hinterlassen, sondern auch die Hugenotten, die im 17. Jahrhundert als Glaubensflüchtlinge aus Frankreich nach Westen zogen.

Die Hugenotten, also die französischen Protestanten, waren Gläubige, die sich auf die Lehre des Reformators Johannes Calvin (1509–1564) beriefen. Sie standen demnach im Gegensatz zum vorherrschenden katholischen Glauben und der katholischen Kirche und waren in der zweiten Hälfte des 16. Jahrhunderts in Frankreich Verfolgungen ausgesetzt.

Religiöse Toleranz herrschte dagegen in der Kurpfalz. Auch Graf Ludwig II. von Nassau-Weilburg (1565–1627), der durch Erbe 1602 das Saarbrücker Schloss übernommen hatte und als Graf von Nassau-Saarbrücken die Geschicke der Region leitete, zeigte sich gegenüber den Hugenotten aufgeschlossen. Per Dekret vom 8. Juni 1604 gestattete er 12 Hugenottenfamilien die Gründung eines Dorfes im Warndt, einem Waldgebiet westlich von Saarbrücken. Zu seinen Ehren wurde der Ort Ludwigsweiler genannt, im Laufe der Jahre aber zu Ludweiler verkürzt. Der Landesherr, selbst Lutheraner, versprach sich von den neuen Fach- und Arbeitskräften, die er für ein paar Jahre von Steuerabgaben befreite und denen er Bau- und Ackerland kostenfrei zur Verfügung stellte, die Ankurbelung der heimischen Wirtschaft.

Während Hugenotten in anderen Gegenden, etwa im pfälzischen Lambrecht, erfolgreich als Weber arbeiteten, waren die in Ludwigsweiler ansässigen Glaubensflüchtlinge gelernte Glasbläser, die hier in den folgenden Jahren eine Glashütte errichteten und den Ort zur Wiege der saarländischen Glasindustrie machten. Die Voraussetzungen für dieses Handwerk waren im Warndt ideal; Holz und Sand für die Glashütten waren in ausreichender Menge vorhanden, ebenso Wasser und Heckengewächse für die Pottasche. Nach und nach entstanden mehr als 20 Standorte, an denen die hohe Kunst der Glasbläserei betrieben wurde.

Der Verdrängungs- und Konzentrationsprozess der Betriebe setzte im 19. Jahrhundert ein. Von den landesweit 20 Glashütten um 1850 blieben bis zum Ersten Weltkrieg 1914 nur zwölf übrig, die Fenster-, Spiegel- und Flaschenglas sowie Gebrauchsgläser oder feinste Trinkgläser produzierten. Von diesen wiederum überlebten schließlich nur die Tafelglashütte in St. Ingbert (bis 1975) und die Cristallerie Wadgassen (bis 1986). Seit 2007 ist im ehemaligen Bürgermeisteramt Ludweiler die mehr als 400 Jahre alte Tradition der saarländischen Glashütten zu bestaunen; im Glas- und Heimatmuseum Warndt bietet die Dauerausstellung „Glas auf den Tisch" faszinierende Einblicke in die Tischkultur des 20. Jahrhunderts.

Bereits 1604, also im Jahr ihrer Ankunft, bauten die Hugenotten eine erste

Ludweiler, der zweitgrößte Stadtteil von Völklingen, ist eine Gründung der Hugenotten. An die französischen Glaubensflüchtlinge des frühen 17. Jahrhunderts erinnert bis heute die 1786 erbaute Hugenottenkirche.

Kirche in Ludweiler, die, wie auch die Glashütten, im Dreißigjährigen Krieg zerstört wurde. Den Nachfolgebau, den im Jahr 1660 Glaubensflüchtlinge aus Metz errichteten, vernichteten französische Truppen 20 Jahre später im Zusammenhang mit der Annexion der Grafschaft Nassau-Saarbrücken durch Ludwig XIV. (1638–1715). Die heutige Hugenottenkirche, eine 1786 vollendete barocke Saalkirche, entstand nach Plänen des für diese Gegend bedeutenden Architekten Balthasar Wilhelm Stengel (1748–1824), Sohn des hier gleichfalls viel gerühmten Baumeisters Friedrich Joachim Stengel (1694–1787). Der neoromanische Kirchturm wurde erst 1876/77 errichtet. Bei der Erweiterung der Kirche im Jahr 1958 wurden zu beiden Seiten des Querschiffs Betonglasfenster geschaffen, die sich perspektivisch verkleinernde Kreuze darstellen. Sie sollen wiederum die Vertreibung der Hugenotten in alle Welt symbolisieren. Außer der Kirche erinnert in Ludweiler, seit 1974 ein Stadtteil von Völklingen, die Hugenottenstraße an die Entstehungsgeschichte des Ortes.

15 Aus Feindschaft wird Freundschaft
Das Saarland und die Franzosen

Die deutsch-französischen Beziehungen werden oft stark aus heutiger Sicht und bezogen auf das 20. Jahrhundert beurteilt, doch um ein Gespür für das wechselvolle Verhältnis zu bekommen, muss man in der Geschichte beider Völker weiter zurückblicken. Es waren insbesondere zwei französische Herrscher, die die Geschichte Südwestdeutschlands und damit auch des heutigen Saarlands und ihrer Menschen beeinflussten: König Ludwig XIV. (1638–1715) und Napoleon Bonaparte (1769–1821).

Ludwig XIV. verfolgte eine territoriale Expansion, die als Reunionspolitik in die Geschichtsbücher einging. Der französische Herrscher meinte, bestimmte Gebiete des Heiligen Römischen Reiches gehörten zu Frankreich und müssten mit seinem Land „wiedervereinigt" werden. Bereits in diesem Konflikt kam Saarbrücken 1680 unter französische Besatzung und aus der Grafschaft wurde die „Province de la Sarre" mit der neu gegründeten Stadt Saarlouis als Hauptstadt. Diese Saarprovinz entsprach dem heutigen Saarland.

Nur wenige Jahre später provozierte Ludwig XIV. den Pfälzischen Erbfolgekrieg (1688–1697), in dem er ohne Kriegserklärung seine Truppen Richtung Westen marschieren und die deutschen Gebiete bis zum Rhein systematisch verwüsten ließ. Sein Ziel lautete: Der Rhein solle die natürliche Grenze Frankreichs im Osten sein. Ein Stück weit hatte er Erfolg. Auch wenn im Frieden von Rijswijk (1697) Frankreich eroberte Gebiete an der Saar (mit Ausnahme von Saarlouis) und im Südwesten Deutschlands räumen musste, so wurden das Elsass und Straßburg französisch. Besonders betroffen von den Zerstörungen Ende des 17. Jahrhunderts waren auch Gebiete an der Saar wie Ottweiler, Merzig, St. Wendel oder die Burg Kirkel.

Rund 100 Jahre später kamen die französischen Truppen erneut bis zum linken Rheinufer, bei diesem Feldzug (1793) plünderten sie Klöster wie Tholey und Mettlach, zerstörten die Siersburg, das barocke Lustschlösschen Monplaisir und das Schloss Saarbrücken wie das Schloss Karlsberg bei Homburg. Nach einem ständigen Hin und Her zwischen französischen Revolutionstruppen und den deutschen Koalitionstruppen erhielt Frankreich im Frieden von Campo Formio (1797), bestätigt durch den Frieden von Lunéville (1801), die linksrheinischen Reichsgebiete. Damit verschwanden die vielen kleinen Territorialstaaten links des Rheins, der nun zur Grenze wurde. Fortan gehörte das spätere Saarland zum Departément de la Sarre (Saardepartement) mit Hauptsitz in Trier. Saarbrücken war Hauptort eines eigenen Verwaltungsbezirks (Arrondissement) und in acht Kantone aufgeteilt.

Amtssprache war nun Französisch – zum Leidwesen der Bevölkerung, die andererseits von Reformen im Rechtswesen profitierte. Im gesamten französisch besetzten Gebiet galt der 1804

Während in früheren Jahrhunderten das deutsch-französische Verhältnis durch Kriege bestimmt war, wird es heute durch zahlreiche Städtepartnerschaften geprägt.

eingeführte Code civil (Code Napoléon); abgelöst wurde diese Rechtsordnung erst im Jahr 1900 mit dem Bürgerlichen Gesetzbuch. Unter Napoleon verlor die Kirche an Macht und Ansehen. Gebäude, die bislang der Kirche bzw. einem Orden gehört hatten, wurden als Nationalgüter an Privatpersonen versteigert. Der Staat übernahm die Schulaufsicht, möglich waren nun Zivilehe und Ehescheidung. Die Einführung der allgemeinen Wehrpflicht (1802) gehört zu den unerfreulichen Belastungen jener Jahre: Junge Männer wurden nun zur „Grande Armée“ herangezogen und mussten an den Feldzügen Napoleons teilnehmen.

Mit der Völkerschlacht von Leipzig (Oktober 1813) trat die französische Armee ihren Rückzug an, der Wiener Kongress (1814/15) beendete die französische Besatzung des linksrheinischen Deutschlands. Der Großteil des Saardepartments gelangte ans Königreich Preußen, Blieskastel gehörte fortan zum Königreich Bayern. Der Deutsch-Französische Krieg 1870/71 bedeutete auch für die Männer der Saarregion Kriegseinsatz, Verwundung, Tod. Nach dem Ersten Weltkrieg (1914–1918) übernahmen gemäß Versailler Vertrag die Franzosen als Besatzungsmacht das linke Rheinufer, das Saargebiet war für 15 Jahre wirtschaftlich und politisch von Frankreich abhängig. 1945, nach dem Zweiten Weltkrieg, wurde es Teil der französischen Besatzungszone.

Längst herrscht Frieden zwischen den einst verfeindeten Nationen, davon zeugen die Freundschaftsbrücke bei Kleinblittersdorf, der Deutsch-Französische Garten in Saarbrücken und die zahlreichen Städtepartnerschaften. So ist Nantes in der Bretagne seit 1965 Partnerstadt von Saarbrücken, 1974 ging die damals noch selbstständige Gemeinde Bliesmengen-Bolchen (heute Teil des Mandelbachtals) eine Partnerschaft mit Sains-Richaumont im Département Aisne ein und La Baule an der Atlantikküste unterhält seit 1984 freundschaftliche Beziehungen zu Homburg.

16 Eine Perle der Festungsbaukunst
Saarlouis

Es mag seltsam klingen: Eine deutsche Stadt ist benannt nach dem französischen König Ludwig XIV. (1638–1715), der weite Teile Südwestdeutschlands im von ihm initiierten Pfälzischen Erbfolgekrieg (1688–1697) zerstören ließ.

Diese Stadt heißt Saarlouis, errichtet 1680 auf Geheiß des „Sonnenkönigs" zur Verteidigung der von ihm eroberten Gebiete in Lothringen und im Elsass und als Hauptstadt der neu gegründeten „Province de la Sarre". Für den Festungsbau war der königliche Baumeister und General Sébastian Le Prestre de Vauban (1633–1707) zuständig, der auch die Städte Homburg, Landau, Straßburg und Freiburg zu Festungen ausbauen ließ. Mit einem System von etwa 160 neuen oder erweiterten Befestigungsanlagen sollte das Königreich nach allen Himmelsrichtungen wirksam abgeschottet sein.

Die Pläne für die Festung in Saarlouis stammten von dem Ingenieur und Offizier Thomas de Choisy (1632–1710), dem ersten Gouverneur der Stadt. Die geometrisch angelegte, sternförmige Anlage aus sechs Bastionen und einem Exerzierplatz (heute Marktplatz) im Zentrum entstand auf bis dahin unbewohntem sumpfigem Gebiet. Weitere, teils heute noch vorhandene Gebäude sind das Deutsche Tor, die Kommandantur und mehrere Kasernen, die längst der zivilen Nutzung dienen.

Ein Großteil des Baumaterials für die neuen Wohn- und Wirtschaftsgebäude von Saarlouis stammte aus abgetragenen Häusern im benachbarten Wallerfangen, das bis zu dieser Zeit regionales Zentrum war. Mit den Bausteinen wurden gleichermaßen die Bewohner des jahrhundertealten Ortes zwangsumgesiedelt.

Im Zuge des Festungsbaus entstand der Vorgängerbau (1685) der heutigen Ludwigskirche; auch sie ist nach einem französischen König benannt, allerdings nach Ludwig IX. (1214–1270). Zur ausgeklügelten Verteidigungsstrategie gehörte ferner die Schleusenbrücke, mit der im Verteidigungsfall die durch die Stadt fließende Saar aufgestaut und so die Umgebung überflutet werden konnte. Mit der Festung wurden auch vorgelagerte Siedlungen wie Beaumarais oder Picard errichtet, die heute Stadtteile von Saarlouis sind.

Aufgrund der Bestimmungen auf dem Wiener Kongress kam die Stadt Ende 1815 zum Königreich Preußen. Ein weiterer Beschluss in Wien war der massive Ausbau des linken Rheinufers gegenüber Frankreich. Nun entstanden neue Festungen wie Germersheim, bestehende wie Mainz oder Landau und auch Saarlouis wurden verstärkt. Die Stadt an der Saar erhielt zwischen 1824 und 1829 ausgedehnte Kasematten mit Gefechtsständen und Unterkünften für Soldaten und Pferde im Verteidigungsfall (heute sind in den sanierten und gern besuchten Kasematten gastronomische Betriebe untergebracht). Wie Anlagen in anderen Städten am Rhein wurde auch diese Festung 1889 geschleift, die abgetragenen Gebäude

Etliche Bauwerke in Saarlouis zeugen noch heute von der einstigen Bedeutung des Ortes als Festungsstadt, so auch die „Bastion VI", in deren Gewölben ein Restaurant Gäste bewirtet.

machten der Stadterweiterung Ende des 19. Jahrhunderts Platz, Parkanlagen und Ringstraßen der Gründerzeit haben den einst vorherrschenden Charakter der Stadt zurückgedrängt. An den Baumeister der eindrucksvollen Festung erinnert bis heute die Vauban-Insel, die einst zum Schutz der Schleusenbrücke errichtet wurde und auf der längst kulturelle Veranstaltungen stattfinden.

Nachdem das Saargebiet 1935 wieder Teil des Deutschen Reiches geworden war, wurde Saarlouis in Saarlautern umbenannt. Im Herbst 1944 erklärte Adolf Hitler die Stadt zur „Zitadelle Saarlautern", die Bevölkerung wurde evakuiert. Während heftiger Gefechte zwischen der Wehrmacht und den Alliierten im Winter 1944/45 wurde ein Großteil der historischen Altstadt zerstört. Doch noch heute prägen die barocken Festungsbauten das Gesicht der 35.000 Einwohner zählenden Stadt, die als „französischste" Stadt des Saarlands gilt und bereits im Juli 1945 ihren ursprünglichen Namen zurückerhielt.

17 Der „Tapferste der Tapferen“ Marschall Michel Ney aus Saarlouis

Schon früh ging er als „Herzog von Elchingen, Fürst von der Moskwa, Marschall und Pair von Frankreich“ in die deutschen Konversationslexika des 19. Jahrhunderts ein: der 1769 in Saarlouis geborene Michel Ney, der wegen seiner militärischen Siege und Tapferkeit allseits Beachtung fand.

Aus kleinen Verhältnissen stammend, besuchte Ney das Augustinerkolleg in Saarlouis (heute Gymnasium am Stadtgarten), machte eine Lehre zum Notariatsgehilfen, arbeitete bei der Staatsanwaltschaft und kurze Zeit bei der Dillinger Hütte, bevor er 1788 seine militärische Laufbahn in Metz begann. Innerhalb kurzer Zeit gelang ihm ein erstaunlicher Aufstieg, begünstigt durch die Revolutionskriege. Bereits 1796 zum Brigadegeneral, drei Jahre später zum Divisionsgeneral befördert, befehligte er seine Truppen an verschiedenen Schauplätzen der Rheinarmee. Schon in diesen Jahren verband ihn mit dem gleichaltrigen Napoleon ein enges Verhältnis. Auf dessen Vermittlung heiratete Ney 1802 Aglaé Louise Auguié des Lascans (1782–1854), eine Freundin von Napoleons Adoptivtochter Hortense Beauharnais. Napoleon ernannte ihn zum Generalinspekteur der Kavallerie und nach seiner Krönung zum Kaiser bedachte er Ney mit dem Titel „Marschall des Empire“.

In den folgenden Jahren machte der Geehrte die unterschiedlichsten Feldzüge seines Herrn mit, wobei er mit Geschick und Glück die feindlichen Armeen schlug. Große Verdienste erwarb er sich vor allem im Russlandfeldzug 1812: „Mit eiserner Strenge hielt er die Ordnung aufrecht, warf sich täglich dem herandrängenden Feinde entgegen und vermochte beim Übergang über die Beresina wenigstens die Trümmer des Heeres zu retten“, heißt es in einem zeitgenössischen Bericht. Napoleon nannte seinen treuen Ney den „Tapfersten der Tapferen“ und verlieh ihm nach der Schlacht an der Moskwa den Titel „Fürst von der Moskwa“. Nach den Gefechten in Mitteldeutschland kämpfte er als Kommandant der Kaiserlichen Garde in Burgund, bis Napoleons Stern sank und er diesem zur Abdankung riet.

Nach des Kaisers Sturz durch die Verbündeten und der Wiederherstellung der Bourbonen-Monarchie 1814 wechselte Ney die Seiten und stellte sich in den Dienst König Ludwigs XVIII. (1755–1824), der ihn zum Befehlshaber der 6. Militärdivision ernannte, ebenso zum Pair von Frankreich – dies war der höchste französische Adelstitel. Doch kein Jahr später, als Napoleon seine Verbannung auf Elba verließ und noch einmal zur „Herrschaft der 100 Tage“ zurückkam, unterstützte Ney erneut den alten Freund, der ihn einst als „Cousin“ bezeichnet hatte, so nah war beider Verhältnis.

Einst als „Vaterlandsverräter“ diffamiert, gilt Marschall Michel Ney (1769–1815) längst als saarländisch-französische Identifikationsfigur. Eine Gedenktafel an seinem Geburtshaus (heute ein Restaurant) in der Bierstraße in Saarlouis erinnert an den „Tapfersten der Tapferen“.

Mit der verlorenen „Schlacht von Waterloo“ und Napoleons endgültiger Verbannung nach St. Helena war auch Neys Schicksal besiegelt. Trotz der Möglichkeit zur Flucht stellte er sich dem Urteil des Kriegsgerichts: Am 7. Dezember 1815 wurde er in Paris wegen Hochverrats hingerichtet; den Befehl hierzu, so ist überliefert, gab er selbst: „Soldaten, wenn ich den Feuerbefehl gebe, schießt auf mein Herz. Wartet auf den Befehl. Es wird der letzte sein, den ich euch gebe. Ich protestiere gegen meine Verurteilung. Ich habe in hundert Schlachten für Frankreich gekämpft, aber nicht eine gegen es … Soldaten, schießt!“

Schon zu Lebzeiten galt er wegen seines militärischen Muts vielen als „unermüdlicher Held“, allerdings auch als „tragische Figur“. Von den einen als „Vaterlandsverräter“ verurteilt, von den anderen wegen seiner Treue zu Napoleon gerühmt, wurden ihm 1853 und 1860 Denkmäler in Paris und Metz errichtet, mehrere Straßen in Frankreich nach ihm benannt. Symbolisierte Ney in früheren Zeiten die Vergänglichkeit militärischer Karrieren und Triumphe, so gilt er heute als saarländisch-französische Identifikationsfigur. Dank Leo Tolstois (1828–1910) Roman „Krieg und Frieden“ und dessen Verfilmungen wurde Ney einem großen Publikum bekannt. Er gilt als großer Sohn der Stadt Saarlouis, bereits seit 1829 hängt an seinem Geburtshaus in der Bierstraße 13 eine Gedenktafel. 1946 wurde im Auftrag der französischen Besatzung die Kaiser-Wilhelm-Straße in Marschall-Ney-Straße umbenannt. Im selben Jahr wurde ihm zu Ehren auf der Vauban-Insel eine fünf Meter hohe Betonplastik von Jean Lambert-Rucki (1888–1967) errichtet und anlässlich seines 250. Geburtstags 2019 widmete ihm das Städtische Museum Saarlouis eine Sonderausstellung.

18 Standesbewusste Herrin des Bliesgaus
Marianne von der Leyen

Sie wuchs in einem polyglotten, in jeder Hinsicht kultivierten Elternhaus auf, das zu den führenden Familien des Reiches gehörte: Maria Anna (Marianne) von Dalberg, 1745 in Mainz geboren. Sie war die Zweitgeborene von insgesamt zwölf Kindern von Franz Heinrich Freiherr von Dalberg (1716–1776) und Maria Sophia Gräfin von Eltz-Kempenich (1722–1763).

Ihr Vater war ein hoher Verwaltungsbeamter im Kurfürstentum Mainz, zwei ihrer Brüder brachten es zu reichsweiter Bedeutung: Karl Theodor (1744–1817) war Erzbischof und Kurfürst von Mainz, Großherzog von Frankfurt und Fürstprimas des Rheinbundes, Wolfgang Heribert (1750–1806) war Intendant des Mannheimer Nationaltheaters. Nach kurzer Zeit als Stiftsdame in Münsterbilsen bei Maastricht heiratete Marianne 1765 Franz Karl Reichsgraf von der Leyen (1736–1775), den sie wenige Monate zuvor bei der Krönung Kaiser Josephs II. (1741–1790) in Frankfurt/M. kennengelernt hatte. Das Paar lebte zuerst in Trier, dann in Koblenz, ab 1773 in Blieskastel, das seit 1660 in Familienbesitz war und zügig zur Residenzstadt ausgebaut wurde. Das kleine Territorium hatte damals 24.000 Einwohner, erhielt aber mit der Erweiterung des Schlosses, dem Bau zahlreicher Verwaltungs- und Herrenhäuser, der Schlosskirche oder der noch heute vorhandenen Niederwürzbacher Schlösser Annahof und Monplaisir ein repräsentatives barockes Gepräge, das ansonsten für große, wohlhabende Fürstentümer charakteristisch war.

Mariannes Stunde schlug 1775, als ihr Mann plötzlich starb und sie die Vormundschaft für ihren noch unmündigen Sohn Erbgraf Philipp (1766–1829) und ihre beiden Töchter übernahm. Sie setzte das karitativ-soziale und wirtschaftliche Engagement, das mit der Errichtung eines Waisenhauses (heute Rathaus) durch Franz Karl begonnen hatte, fort, indem sie 1775 die Schulpflicht einführte, eine Manufaktur für Steingut gründete, die Landwirtschaft und die Viehzucht förderte und eine Druckerei eröffnete, die das „Blieskasteler Wochenblatt“ verlegte. 1786 hob sie die Leibeigenschaft auf.

Wie von ihrem Elternhaus gewohnt, umgab sie sich auch in ihrer Blieskasteler Residenz mit einer Bibliothek, einer Gemäldegalerie, einem Naturalienkabinett und Hofkonzerten. Marianne wirkte einerseits als aufgeklärte Regentin, andererseits wusste sie sehr wohl, wer Herrin im Lande war. Bei allen Wohltaten hatte ihr Volk zu spuren und finanziell zu bluten, denn die enorme Bautätigkeit führte zu Schulden.

Zu einer großen Belastung zwischen Reichsgräfin und Bevölkerung kam es im September 1789, wenige Wochen nach der Französischen Revolution. Ein Streit über die Nutzung von Waldungen führte zu Beschwerden und Aufständen, die schließlich im Dezember desselben Jahres durch pfälzische und kurmainzische Truppen gewaltsam beendet wurden. Angesichts der Unruhen im Nachbarland fürchtete Marianne um ihr Leben, und so floh sie im

Blick auf die letzte Ruhestätte der Marianne Reichsgräfin von der Leyen (1745–1804) in der Schlosskirche Blieskastel.

Mai 1793, als Dienstmagd verkleidet, auf abenteuerlichem Weg über Zweibrücken nach Frankfurt/M. Diese mehrere Tage andauernde Flucht vor den französischen Revolutionären verarbeitete sie literarisch („Journal meiner Unglücksfälle“), doch kommen die erst postum im Jahr 2001 erschienenen Aufzeichnungen mehr einem Abenteuerroman nahe als der Wahrheit.

Im Jahr 1804, inmitten der Zeit politischer Umwälzungen in Europa, verstarb Marianne 59-jährig. Zunächst in Heusenstamm bei Offenbach bestattet, wurde ihr Leichnam erst 1981 nach Blieskastel überführt. Seitdem ruht die resolute und zugleich soziale Reichsgräfin in der Gruft der Schlosskirche an der Seite ihres Mannes Franz Karl.

19 Ältestes Industriedenkmal im Saarland
Die Alte Schmelz in St. Ingbert

Nur wenige Städte in Deutschland sind nach einem Heiligen benannt, im Saarland sind es gleich zwei von Bedeutung: St. Wendel und St. Ingbert. Der Name von St. Ingbert, mit etwa 35.000 Einwohnern heute fünftgrößte Stadt des Bundeslands, geht auf den um 650 verstorbenen Volksheiligen zurück. Im Jahr 888 erstmals urkundlich erwähnt, war St. Ingbert über viele Jahre von der Glas-, Kohle- und Stahlindustrie geprägt. Zu diesem längst verschwundenen Wirtschaftszweig gehört das Ensemble Alte Schmelz, das noch heute einen anschaulichen Einblick in die Industriekultur vergangener Tage bietet. St. Ingbert galt aber auch als „Stadt des Bieres".

Drei wagemutige Hüttenbetreiber gründeten 1732 per Vertrag mit Karl-Kaspar Graf von der Leyen (1655–1739) ein Eisenwerk (mit Hammerwerk und Schmelze), das ein Jahr später seine Produktion aufnahm. Zur „Produktpalette" der damaligen Zeit gehörten Stab- und Schneideeisen, Kaminplatten, Öfen, Kanonenkugeln und Gebrauchsgegenstände wie Bratpfannen, Töpfe, Kessel und Öllampen. Aus kleinen Anfängen entwickelte sich ein florierendes, weit über die Stadtgrenzen hinaus bekanntes Unternehmen, das mindestens zwei Besonderheiten aufweisen kann: Aus der Frühzeit des Werkes hat sich zum einen die Möllerhalle erhalten, im Türsturz ist die Jahreszahl 1750 erkennbar. Der Bau mit seinem Türmchen (mit Glocke und Uhr von 1810) erinnert an eine Kapelle, doch er diente als Rohstofflager zur Aufbewahrung von Eisenerzen, Kalk, Sinter und Schrott. Daraus entstand für den Hochofen eine Mischung, Möller genannt. 1791 leitete der Kaufmann Philipp Heinrich Krämer (1754–1803) als Alleinpächter die Anlage, die sich zwischenzeitlich erheblich erweitert hatte.

Nach dessen Tod – und das ist die nächste Besonderheit – kaufte 1804 seine Witwe Sophie Krämer (1763–1833) das Unternehmen vom früheren Grundherrn Carl Philipp von der Leyen und übernahm für ihre drei noch minderjährigen Söhne die Geschäftsführung. Sie stammte aus einer wohlhabenden Saarbrücker Kaufmannsfamilie, war umfassend gebildet und sozial engagiert. Sie ließ eine Arbeitersiedlung errichten und Meisterhäuser bauen. Unter ihrer Leitung entwickelte sich das Unternehmen zum wichtigsten und größten Betrieb der Stadt, der dann von ihrem Sohn Friedrich weitergeführt wurde. An die außergewöhnliche „Managerin" erinnert in St. Ingbert die Sophie-Krämer-Straße.

Um 1830 wurde der Puddelofen mit Steinkohlefeuerung in Betrieb genommen und als erstes Unternehmen an der Saar erhielt das Werk eine Dampfmaschine. Bis zum Ende des 19. Jahrhunderts expandierte das Eisenwerk Krämer, seit 1889 war es eine Aktiengesellschaft. Es verfügte mittlerweile über eine Hüttenfeuerwehr, ein werkseigenes Spital, einen eigenen

Blick auf das ehemalige Arbeiterhaus und die Möllerhalle (um 1750) auf dem Gelände der Alten Schmelz St. Ingbert.

Gleisanschluss, neue Produktionsanlagen und zwei Direktorenvillen. Die Familie selbst lebte im 1870 erbauten „Krämers Schlösschen". Anfang des 20. Jahrhunderts kamen ein Arbeiterheim, eine Speiseanstalt und ein Konsumgebäude hinzu; in Letzterem konnten die Werksangehörigen einkaufen.

Vor dem Ersten Weltkrieg, der Blütezeit des Unternehmens, als Stahl in großen Mengen hergestellt wurde, arbeiteten rund 2.200 Beschäftigte am Standort St. Ingbert, der sich, seit Fusion 1905, Rümelinger und St. Ingberter Hochöfen und Stahlwerke AG nannte. Ab 1914 wurden auch hier Rüstungsgüter produziert, nach dem Krieg begann schleichend, aber unaufhaltsam der Niedergang des Unternehmens mit mehreren Eigentümerwechseln. Seit 1993 gehört es der Saarstahl AG.

Nach Stilllegung des Drahtwerks Nord werden im 1984 gegründeten Drahtwerk St. Ingbert nach wie vor verkupferter und verzinkter Draht, Automatenstahl, PVC-Draht etc. hergestellt. Bereits 1988 wurden die Werksgebäude und die Siedlung unter Denkmalschutz gestellt; dazu gehören Bauten aus unterschiedlichen Epochen wie das Herrenhaus, die Beamten- und Arbeiterwohnhäuser, die Direktorenvillen samt Englischem Garten, das Pförtner- und Pumpenhaus, Wirtschafts- und Laborgebäude und die Glüherei.

Heute gilt die „Industriekathedrale – Alte Schmelz" (ehemalige Schlosserei und Mechanische Werkstatt) am Stadtrand als besondere, vielseitig wandelbare „Eventlocation" der Region. Vor allem aber ist die Anlage dank der „Alten Möllerhalle" von 1750 das älteste Industriedenkmal im Saarland.

20 Eine kaum bekannte Rarität
Die Porzellanmanufaktur Ottweiler

„Meissener", „KPM", „Nymphenburger", „Rosenthal" oder „Hutschenreuther" – das sind allseits bekannte Namen, die für traditionsreiche Porzellanmanufakturen stehen. Doch auch in der Kleinstadt Ottweiler im Landkreis Neunkirchen wurde einst edles Porzellan hergestellt, das zu seiner Zeit mit „Meissener" konkurrieren konnte.

Wie auch seine Kollegen wollte Wilhelm Heinrich (1718–1768), seit 1741 Fürst von Nassau-Saarbrücken, mittels feiner Ausstattung den Wohlstand seines Reiches demonstrieren. Bei Regierungsantritt zählte das damals rund 680 Quadratkilometer große und 22.000 Einwohner starke Fürstentum zu den kleinen Herrschaften innerhalb des Heiligen Römischen Reiches Deutscher Nation. Doch auch hier sollte, wie in der Barockzeit allgemein bei Hofe üblich, angemessen repräsentiert werden, zumal der Fürst und seine Frau Sophie Erdmuthe (1725–1795) mit dem französischen König Ludwig XV. (1710–1774) befreundet waren. In diesem Zusammenhang ließ Wilhelm Heinrich 1763 in dem beschaulichen Ottweiler, das von 1640 bis 1728 Residenz der Grafen von Nassau-Ottweiler gewesen war und noch immer über eine gewisse Infrastruktur verfügte, eine Porzellanmanufaktur errichten. Diese entwickelte sich in den ersten Jahren zu einer „wahren Wunderkammer", die Ergebnisse des „weißen Goldes" machten auf der fürstlichen Tafel des Saarbrücker Schlosses den gewünschten Eindruck.

Das Porzellan galt als sehr fein und hart, was wiederum an der besonderen Qualität des eingesetzten Kaolins lag. Kaolin, wegen seines Vorkommens bei Passau damals „Passauer Erde" genannt, war selten und kostspielig, was sich folglich auf den Preis der Geschirre und Ziergegenstände auswirkte. Der Absatz war gering, trotz des fürstlichen Verbots der Einfuhr von anderem Porzellan. Nach Wilhelm Heinrichs Tod erließ dessen Sohn Ludwig (1745–1794) Sparmaßnahmen. Er verzichtete auf die Verwendung der „Passauer Erde" zugunsten heimischer Erde, wodurch das Porzellan cremefarben erschien. Seit Verpachtung der Manufaktur ab 1770 entstanden nur noch Gebrauchsporzellane, ab 1785 auch Steingut, d.h., als das Unternehmen 1794 infolge der französischen Besatzung seinen Betrieb beendete, war die Herstellung des edlen, kunstvoll bemalten Porzellans bereits Geschichte. Ein Großteil der Ware geriet als Beutegut nach Frankreich.

Insgesamt sind nur noch etwa 150 Stücke der Ottweiler Manufaktur bekannt. Wegen ihrer Seltenheit wurden die Exponate, sofern sie überhaupt in eine Auktion kamen, zu horrenden Preisen gehandelt. So wechselte Ende der 1990er-Jahre eine Terrine mit Deckel für umgerechnet rund 13.000 Euro ihren Besitzer, eine Mokkakanne erzielte fast 10.000 Euro. Rund zwei Drittel des bekannten Bestands der kurzlebigen Manufaktur befindet sich im Besitz des Saarlandmuseums Saarbrücken,

Porzellan der Manufaktur Ottweiler ist sehr selten und so kostbar wie Meissener Porzellan.

u.a. eine um 1770 gefertigte Teekanne mit Blumendekor, die das Museum bei einem Auktionshaus für 15.000 Euro erstand.

Auch wenn in Ottweiler vor Ort hergestelltes Porzellan nicht zu bestaunen ist, so besticht die Stadt durch ihre historische Altstadt mit Resten einer spätmittelalterlichen Stadtbefestigung und repräsentativen Renaissance- und Barockbauten. Ein besonderes Schmuckstück ist hierbei der von einem Rosengarten umgebene Pavillon, der 1758 nach Plänen von Friedrich Joachim Stengel (1694–1787) für Fürst Wilhelm Heinrich errichtet wurde. Sehenswert ist außerdem das Saarländische Schulmuseum, das einen anschaulichen Überblick zu 1.000 Jahren Schulgeschichte bietet.

21 Vorbild Versailles
Die Homburger Parkanlage „Karlslust“

Klein und territorial zersplittert war sein Fürstentum, doch groß sein Wunsch zu repräsentieren: Herzog Karl II. August von Pfalz-Zweibrücken erwarb 1777 den Louisenhof bei Homburg und ließ den bescheidenen Gutshof zu einer der größten spätbarocken Schlossanlagen Deutschlands ausbauen.

Herzog Karl II. August von Pfalz-Zweibrücken, 1746 in Düsseldorf geboren und 1795 in Mannheim verstorben, kam als Erbe eines Onkels auf den Thron in Zweibrücken. Schon als junger Mann, damals noch Pfalzgraf von Birkenfeld-Bischweiler, wollte er hoch hinaus, nämlich Maria Amalia von Österreich (1746–1804), eine Tochter Maria Theresias (1717–1780), heiraten. Doch die resolute Kaiserin lehnte ab, der Heiratswillige sei politisch unbedeutend. 1774 heiratete er dann doch eine Maria Amalia (1757–1831), allerdings war sie die Tochter des sächsischen Kurfürsten Friedrich Christian (1722–1763).

Zunächst residierte das Paar auf Schloss Jägersburg bei Homburg. 1777 erwarb der Herzog den Louisenhof auf dem 366 Meter hohen Buchenberg (heutiger Karlsberg) und ließ diesen bescheidenen Gutshof zu einer der größten spätbarocken Schlossanlagen Deutschlands ausbauen. Umgeben von einem stattlichen Hofstaat, regierte er als absolutistischer Landesherr im aufwendig ausgestatteten Schloss Karlsberg. Er widmete sich vor allem der Jagd, seiner umfangreichen Bibliothek sowie seiner Waffen-, Pfeifenkopf- und grafischen Sammlung und er ließ eine Gemäldesammlung zusammentragen, die immerhin später den Grundstock der Alten Pinakothek in München bildete. Doch das Vergnügen währte nicht lange. Nur mit viel Glück entkam er im Februar 1793 den französischen Revolutionstruppen. Die letzten Lebensjahre verbrachte er im Mannheimer Schloss. Dorthin konnten große Teile der Einrichtung von Schloss Karlsberg gebracht werden, bevor französische Soldaten es Ende Juli 1793 plünderten und zerstörten.

Hätte ein Schlaganfall ihn nicht so früh seines Lebens beraubt, wäre Karl II. August aufgrund der Erbfolge Nachfolger des bayerischen Kurfürsten Karl Theodor (1724–1799) geworden. So aber übernahm des Herzogs Bruder Maximilian Joseph (1756–1825) die Regentschaft in München, ab 1806 war dieser sogar der erste König von Bayern. Von Karl II. August, dem wenig beliebten Herrscher von Pfalz-Zweibrücken, den seine Untertanen „Hundskarl“ nannten, blieb wenig. Immerhin erfreut die „Karlslust“, das nach ihm benannte Gartenparadies, die Besucher von heute. Der englische Garten geht auch auf Anregungen von Friedrich Ludwig von Sckell (1750–1823) zurück, dem Gestalter des Englischen Gartens in München, des Schwetzinger Schlossparks oder des Herrnsheimer Schlossparks bei Worms. Der Landschaftsgarten hier bot eine Vielzahl außergewöhnlicher

Zu den Überresten der barocken Homburger Parkanlage „Karlslust“ gehört auch die Ruine der Orangerie des Schlosses.

Attraktionen, wenn auch nur für die Hofgesellschaft: einen chinesischen Pavillon, eine Wasserkaskade, eine Apfelbaumallee, eine Voliere für exotische Vögel, eine Eremitage und die Herzogskastanien, die bis in unsere Tage standen. Geblieben sind die drei Schwanenweiher, Reste des Pavillons, ein Brunnen und der Bärengraben, der jedoch nie von Bären bewohnt war. Noch heute beeindruckt das nördliche Kellergewölbe der einstigen 80 Meter langen Orangerie, in der Orangenbäume und andere exotische Pflanzen in der kalten Jahreszeit überwinterten. Das einzig vollständig erhaltene Gebäude aus der Entstehungszeit ist der „Karlsberger Hof“, einst Vorratsgebäude, dann Forsthaus und Brauerei, schließlich Direktorenvilla der in Homburg ansässigen Karlsberg Brauerei.

Eine Vorstellung, wie das hiesige Gartenparadies früher ausgesehen hat, vermittelt der Schwetzinger Schlosspark, doch frische Luft, Ausblicke und viel angenehmes Grün sind auch heute noch einen Besuch des Homburger Naherholungsgebiets „Karlslust“ wert, das nach Versailler Vorbild entstanden ist.

22 Die erste SMS im Saarland

Die Telegrafenstation bei Biesingen

Wie mühsam war doch in vergangenen Jahrhunderten die Nachrichtenübertragung – ohne Telefon, ohne E-Mail oder SMS. Dabei gab es sie schon, in anderer Form: Bereits in der Antike wurden Informationen mittels Rauch- und Feuerzeichen übermittelt. Geradezu modern waren da die optischen Telegrafen, die Ende des 18. Jahrhunderts aufkamen bzw. perfektioniert wurden.

Der französische Techniker Claude Chappe (1763–1805) entwickelte eine Zeichenübermittlung mit Hilfe beweglicher Signalarme. An einem hohen, weithin sichtbaren Mast waren zwei schwenkbare Querbalken montiert, an deren Enden ebenfalls bewegliche Balken angebracht waren, sodass je nach Position und mittels eines bestimmten Codes unterschiedliche Buchstaben über eine gewisse Entfernung übertragen werden konnten, allerdings nur bei Tageslicht. Nach erfolgreichen Versuchen entstand 1794 die erste Telegrafenlinie auf der 270 Kilometer langen Strecke zwischen Paris und Lille. Das System erwies sich als robust und einfach zu bedienen, zudem dauerte die Nachrichtenübertragung nur wenige Minuten, sodass Ende des 18. Jahrhunderts mehrere Telegrafenstrecken in Frankreich eingerichtet wurden. Über die Linie Straßburg–Metz war auch das Elsass an das landesweite Netz angeschlossen.

Um 1800 gehörte das heutige Saarland zu Frankreich, folglich entstand auch hier eine Verbindung, an der insbesondere das Militär Interesse hatte. Diese Linie der Optischen Telegrafen zweigte bei Metz ab und wurde am 29. Mai 1813 in Betrieb genommen. Die Strecke verfügte, abhängig von den Sichtverhältnissen, im Abstand von acht bis zwölf Kilometern über 22 Stationen, die alle mit Fernrohren ausgestattet waren, und verlief rund 230 Kilometer nordöstlich nach Mainz, in die Hauptstadt des Departements Donnersberg. Auf dem Gebiet des heutigen Saarlands befanden sich sieben solcher Stationen: bei Ihn, auf der Siersburg, auf dem Litermont bei Nalbach, auf dem Hoxberg bei Lebach, in Humes, Urexweiler und Leitersweiler. Neben dieser Hauptstrecke gab es noch eine bereits 1793 geplante, aber nicht vollendete Verbindung von Metz nach Landau, daran erinnern seit 1998 Nachbauten der optischen Telegrafen bei Bebelsheim/Mandelbachtal und auf dem Hölschberg bei Biesingen/Blieskastel.

Mit diesem System konnten nun behördliche und militärische Informationen bis nach Paris, der Hauptstadt des Kaiserreichs Frankreich, übermittelt werden, und zwar deutlich schneller, als dies bislang mit berittenen Boten möglich gewesen war. Allerdings war diese Übertragungsform sehr wetterabhängig und personalintensiv. An jedem dieser Orte bearbeiteten zwei „Telegrafisten“ die eingehenden Zeichen und gaben sie an die Nachbarstation weiter. Doch das damals moderne Kommunikationsmittel war nur von kurzer Dauer, eine erste

Zu den rekonstruierten Telegrafenstationen zählt auch der Bau bei Biesingen/Blieskastel.

Unterbrechung erfolgte in der Neujahrsnacht 1814, als preußische Truppen unter Generalfeldmarschall Gebhard Leberecht von Blücher (1742–1819) auf ihrem Marsch nach Paris Kreuznach erreichten. Wenige Tage später, als russische und deutsche Koalitionstruppen Mainz einnahmen und die Franzosen zur Kapitulation zwangen, beendeten die Preußen den Betrieb der Telegrafenlinie Mainz–Metz und zerstörten sie.

Erst 1830 eröffnete Preußen, führende Macht im Deutschen Bund, eine Telegrafenlinie zwischen Berlin und Potsdam, die in den folgenden Jahren bis Köln und Koblenz ausgebaut wurde. Ab der Mitte des 19. Jahrhunderts verdrängte jedoch die effektivere Morsetelegrafie das System der optischen Telegrafie. Bis zur Jahrhundertwende wurden flächendeckend Telegrafenmasten entlang der vielen Eisenbahnstrecken errichtet. 1973 wurde auf dem Hoxberg eine Rekonstruktion des Telegrafenmastes errichtet, eine weitere 2003 auf dem Litermont. Diese optischen Telegrafen stellen nicht nur ein Stück Technikgeschichte dar, sondern bieten von ihrem Standort aus auch einen Blick auf die schönen Seiten des Saarlands abseits der Hauptstraßen.

23 Von Saarbrücken an Seine und Rhein
Napoleons „Route Impériale"

Zwar ist die Kaiserstraße, Teil der B 51, im Zentrum von Saarbrücken zu Ehren des Deutschen Kaisers Wilhelm I. (1797–1888) benannt, doch auch einem anderen Herrscher war eine so genannte Straße gewidmet: Napoleon (1769–1821), seit 1804 Kaiser der Franzosen.

Nachdem französische Revolutionstruppen bis Ende des 18. Jahrhunderts das linksrheinische Deutschland besetzt hatten und dieses zunächst der Republik, dann dem Kaiserreich Frankreich angegliedert worden war, wurde im ganzen Gebiet, dem neuen Departement Donnersberg, die französische Verwaltung eingeführt, Französisch war Amtssprache. Bereits 1798 war von der Pariser Regierung das Saardepartement eingerichtet worden, Trier war Sitz der Präfektur. Die annektierten Regionen sollten politisch und wirtschaftlich enger mit dem französischen Mutterland verbunden werden.

In Mainz, Hauptstadt des Departements Donnersberg, repräsentierte ab 1802 der Präfekt Jeanbon St. André (1749–1813) als höchster Regierungsbeamter die neue Besatzungsmacht. Schon bald nach Amtsantritt schickte er Napoleon ein Schreiben mit folgendem Anliegen: „Um die Bewohner des Departements Donnersberg mit Frankreich zu verknüpfen, ihnen Sitten, unsere Sprache und die Liebe zu unseren Gesetzen zu geben, bitte ich um Genehmigung zum Neu- und Ausbau einer Straße erster Ordnung von Mainz nach Paris." Allein schon aus militärisch-strategischen Gründen unterstützte Napoleon dieses Vorhaben. Ab 1806 wurde mit dem Bau der Fernstraße begonnen, wobei sie weitgehend in gerader Linie von Ort zu Ort und unter Einbeziehung vorhandener Straßen errichtet wurde. Die Landschaft, durch die sich die neue Verbindung von Mainz über Kaiserslautern nach Saarbrücken zog, glich einer Großbaustelle. Zu den Arbeiten wurde auch die Bevölkerung herangezogen.

Von Saarbrücken zweigte die Straße nach Metz ab, von dort führte sie auf dem bereits bestehenden Weg über Reims nach Paris. Ab 1811 war die nun Route Impériale genannte Straße fertig, an ihren Rändern wurden Obstbäume gepflanzt, die Reisenden Schatten spenden sollten. Die Straße hatte eine maximale Breite von zehn Metern, doch nur die mittleren sechs Meter waren mit Steinen befestigt. Für die damalige Zeit war sie auf jeden Fall eine große Bereicherung, Güter konnten nun bequem und schnell von Paris oder Metz und Saarbrücken nach Mainz und damit an den Rhein transportiert werden, sogar eine Schnellpost („Diligence") wurde auf der Strecke eingerichtet.

Napoleon selbst nutzte die Straße häufig auf seinem Weg von Paris in sein Mainzer Hauptquartier. Wenn er dann mit großem Gefolge, bestehend aus 20 Wagen und über 100 Pferden, unterwegs war, ließ er sich gerne in jeder größeren Ortschaft huldigen. Unter Glockengeläut und Böllerschüssen begrüßten ihn die Vertreter der Bürgermeistereien und Mädchen

Die Kaiserstraße, die sich durchs Saarland zieht, erinnert an die unter Napoleon I. errichtete Verbindung zwischen Mainz und Paris.

überreichten ihm einen Blumengruß. Vor allem aber nutzten die für ihn rekrutierten jungen Männer die neue Straße, etwa um am Feldzug Richtung Russland teilzunehmen. Nach dem Ende der napoleonischen Herrschaft hieß die Straße in fast allen Ortschaften, durch die sie führt, Kaiserstraße, stellenweise auch Mainzer oder Saarbrücker Straße. Jahrzehnte später marschierten Soldaten aus dem Großherzogtum Hessen-Darmstadt über diesen Weg zu den Schauplätzen des Deutsch-Französischen Krieges von 1870/71, auch im Ersten und Zweiten Weltkrieg nutzten deutsche und dann alliierte Soldaten diese Verbindung für ihre Zwecke.

In einer Zeit, als es noch keine Eisenbahn, geschweige denn Autobahnen gab, diente die Kaiserstraße als Orientierung, als schneller Verkehrsweg, als wichtige Handelsroute, auch als Ort von Abschied und Wiederkehr. Im Zuge des Ausbaus des deutschen Straßennetzes im „Dritten Reich" mit Fernverkehrsstraßen und deren Nummerierung erhielt die Kaiserstraße 1934 die Bezeichnung „Reichsstraße 40"; sie führte ab Saarbrücken über Mainz und Frankfurt nach Fulda. In der Bundesrepublik war sie die Bundesstraße 40 (B 40), die aber auf fast der gesamten Strecke durch die Autobahnen A 6 (Saarbrücken–Mannheim) und A 63 (Kaiserslautern–Mainz) ersetzt wurde. Die Teilstrecken der ehemaligen Kaiserstraße wurden zu Landesstraßen herabgestuft, so auch die L 119 zwischen Rohrbach und Homburg.

24 Ein Ort der Demokratiegeschichte
Der Freiheitsbrunnen in Homburg

Im November 2020 erklärte der Verein Weimarer Republik e.V. Homburg mit seinem Freiheitsbrunnen zu einem „Ort der Demokratiegeschichte". Er ist damit Teil des bundesweiten Projekts, das mehr als 100 „Meilensteine" verzeichnet, die auf eine lange und wechselvolle Geschichte der Demokratie zurückblicken. Dazu gehören auch die Wartburg, die Paulskirche in Frankfurt/M., das Hoffmann-von-Fallersleben-Museum oder die Friedrich-Ebert-Gedenkstätte in Heidelberg.

Das 1992 eingeweihte Bronzedenkmal, ein Werk des 1933 geborenen Bildhauers Bonifatius Stirnberg, erinnert an die Rolle Homburgs im Vorfeld des Hambacher Festes von 1832, vor allem an die beiden Initiatoren dieser überregional bedeutsamen Kundgebung, nämlich an Philipp Jakob Siebenpfeiffer (1789–1845) und Johann Georg August Wirth (1798–1848).

Siebenpfeiffer, in Lahr geboren, das damals zur Grafschaft Saarbrücken-Nassau gehörte, kam 1818 als bayerischer Verwaltungsbeamter nach Homburg, um das Landkommissariat zu leiten. Der im selben Jahr neu errichtete Verwaltungsbezirk mit 79 Gemeinden und rund 40.000 Einwohnern war einer der zwölf bayerischen Rheinkreise. Nach den politisch instabilen Jahren infolge der Französischen Revolution und der Befreiungskriege versuchte Siebenpfeiffer, mit der Verbesserung der Infrastruktur und der sozialen wie wirtschaftlichen Verhältnisse sowie dem Bau von Schulen die Zustände im Bezirk zu reformieren. Als Publizist vertrat er liberale Positionen. In seiner erstmals im Herbst 1830 erschienenen Zeitschrift „Rheinbayern", dann auch in seiner Zeitung „Der Bote aus Westen" bot er der Opposition ein Forum. Nach seiner Entlassung aus dem Dienst bzw. vor der beabsichtigten Versetzung nach Kaisheim/Donau ging Siebenpfeiffer nach Zweibrücken, von dort 1832 nach Oggersheim.

Auf seinen Rat hin war der stets von der Zensur bedrohte Schriftsteller Johann Georg August Wirth im Dezember 1831 von München nach Homburg gekommen, um hier, fern der bayerischen Regierung und deren Behörden, seine „Deutsche Tribüne" zu verlegen, die in jenen Jahren wichtigste Oppositionszeitung. Die Standortverlagerung in den Rheinkreis bot sich an, da hier die Pressefreiheit gewährleistet schien, die Gesetze liberaler waren, ein insgesamt aufgeschlosseneres Bürgertum beheimatet und Homburg gut an das bestehende Straßennetz angeschlossen war. Die Erstauflage der Tageszeitung am neuen Ort erschien am 1. Januar 1832. Doch kaum auf dem Markt, stellte die Obrigkeit den Druckereibetrieb ein. Zu konträr verhielt sich der demokratische Geist der Zeitung zu den von Staatskanzler Clemens Fürst Metternich (1773–1859) 1819 erlassenen „Karlsbader Beschlüssen", die noch immer im Deutschen Bund galten und die

Der 1992 zwischen dem Bahnhof und der Innenstadt eingeweihte Freiheitsbrunnen erinnert an Homburgs Rolle im Vorfeld des Hambacher Festes (1832).

Zensur und Verfolgung liberaler Ideen vorsah. Doch dank Tricksereien, Gönnern und Sympathisanten konnte Wirth seine politischen Gedanken weiterhin in großer Auflage veröffentlichen, bis er nach Verbot der Verbreitung durch den Bundestag und Festnahme Mitte März 1832 vorübergehend mundtot gemacht wurde.

Wirths große Stunde schlug am 27. Mai 1832 als einer der Hauptredner auf dem Hambacher Fest bei Neustadt. Vor etwa 30.000 Zuhörern forderte er wie auch Siebenpfeiffer Volkssouveränität und Rechtsstaatlichkeit, die „vereinigten Freistaaten Deutschlands" sowie ein „republikanisches Europa". Im Anschluss an das „größte Volksfest des 19. Jahrhunderts" wurde Wirth mehrfach inhaftiert. Nach seiner Flucht 1836 und mehrjährigen Aufenthalten in Frankreich und der Schweiz ließ er sich 1847 in Karlsruhe nieder. Er verstarb, kurz nach seiner Wahl in die Nationalversammlung, im Juli 1848 in Frankfurt/M.

Sein politisches Programm, mit dem er publizistisch und auf dem Hambacher Fest für Aufsehen bei den einen und für Aufregung bei den anderen im Sinne des Liberalismus gesorgt hatte, mag er zum großen Teil auch in Homburg verfasst haben. Daran erinnert der Freiheitsbrunnen in der Eisenbahnstraße in Homburg, daher gilt die Stadt als „Ort der Demokratiegeschichte".

25 Keramikproduktion seit 1748
Villeroy & Boch in Mettlach

In Mettlach wirbt die weithin bekannte Keramikwarenfabrik Villeroy & Boch mit ihrer „Erlebniswelt" – völlig zu Recht, denn zu entdecken gibt es jede Menge Geschichte und Geschichten und dazu feine Keramik. Schon der Ort ist beeindruckend: Firmensitz des Unternehmens mit zahlreichen Produktionsstandorten im In- und Ausland ist eine ehemalige Benediktinerabtei.

Bereits Ende des 7. Jahrhunderts bestand mit der Abtei St. Peter und Maria ein frühes Kloster, das sich nach der Benediktinerregel richtete. Vom Alten Turm abgesehen, ist von der mittelalterlichen Klosteranlage und damit von der Blütezeit des Ordens nichts mehr zu sehen, denn Mitte des 18. Jahrhunderts entstand hier durch den aus Sachsen stammenden Baumeister Christian Kretzschmar (1700–1768) ein barockes Abteigebäude aus rotem Sandstein mit einer 112 Meter langen Fassade. Die umfangreichen Pläne der neuen Abtei wurden nicht vollendet, doch die damals errichteten und noch heute vorhandenen (bzw. wiederhergestellten) Räume wie das Refektorium im Südflügel oder der Abtssaal im Nordflügel bestechen durch ihre Pracht. Der zum Saarufer ausgerichtete Bau wirkt wie ein Schloss.

Ende des 18. Jahrhunderts war auch das beschauliche Mettlach von den Wirren der Französischen Revolution betroffen, der Konvent löste sich auf, die Abtei wurde geplündert und säkularisiert, die Gebäude wurden schließlich 1802 als französisches Nationaleigentum versteigert. 1809 erwarb der in Luxemburg geborene Fabrikant Jean-François Boch (1782–1858) das Anwesen, auf dem er eine moderne Steingutfabrik errichtete. Bereits sein Großvater hatte 1748 in Lothringen mit der Herstellung von Keramikwaren begonnen. Diese Jahreszahl gilt als Gründungsdatum der heutigen Aktiengesellschaft Villeroy & Boch (V & B). Als einer der ersten Unternehmer gewährte Boch seinen Arbeitern soziale Leistungen und Einrichtungen. 1836 fusionierte er mit seinem bisherigen Konkurrenten Nicolas Villeroy (1759–1843), der in Wallerfangen eine Keramikfabrik unterhielt.

Das gemeinsame Unternehmen expandierte, kaufte kleinere Betriebe auf und erweiterte seine Produktpalette: In der Gründerzeit, nun unter den Nachfolgern der Firmengründer, bediente V & B den europäischen Markt nicht nur mit beständiger Keramik, feinem Porzellan und hochwertigen Gläsern, sondern auch mit den „Mettlacher Platten", Bodenfliesen mit eingelegten Mustern, die jahrzehntelang zum Erfolg des Unternehmens beitrugen und die auch im Kölner Dom verbaut sind.

Eine weitere Innovation um 1900 lag in der massenhaften Produktion von Sanitärkeramik. Mit der Bevölkerungszunahme und dem Bau neuer Wohnungen entstanden nun auch eigene Badezimmer, die die bisherigen Blechwannen ablösten

Die traditionsreiche Keramikfabrik Villeroy & Boch ist seit über 200 Jahren in der ehemaligen Benediktinerabtei Mettlach beheimatet.

und mit „Wasserleitungsgegenständen" (Waschbecken, WC, Badewanne) ausgestattet waren. Die geschichtlich-politischen Wirren nach dem Ersten und Zweiten Weltkrieg konnte V & B erfolgreich meistern, 1990 wurde es in eine Aktiengesellschaft umgewandelt. Diese gilt heute als eines der ältesten deutschen Unternehmen, das sich weitgehend in Familienbesitz befindet. Eingebettet in eine reizvolle Landschaft, wird nach wie vor in Mettlach produziert und auch verkauft, zudem bietet das Keramikmuseum Einblicke in die wechselvolle 275-jährige Firmengeschichte. Von hier aus lassen sich bequem Ausflüge zu den Sehenswürdigkeiten der Umgebung machen, so zur nur wenige Meter entfernten Saarschleife.

26 Einst so bekannt wie Mozart
Philipp Jakob Riotte aus St. Wendel

Aus dem Saarland kommen wenige überregional bekannte Literaten, Maler und Musiker, doch ein Komponist war zu seiner Zeit so erfolgreich wie Wolfgang Amadeus Mozart: Philipp Jakob Riotte. 1776 als Sohn eines Lehrers in St. Wendel geboren, war Riotte in jungen Jahren Sängerknabe in seiner Geburtsstadt.

Riotte lernte Violine, Violoncello, Klavier und Orgel spielen. Ab 1793 wirkte er als Organist in Trier, ab Ende 1794 ist er in derselben Funktion in Blieskastel nachgewiesen. Dort musizierte er auch am Hof der Familie von der Leyen. Wegen der politischen Unruhen infolge der Französischen Revolution siedelte er 1800 nach Frankfurt/M. über, von dort nach Offenbach, wo er bei Johann Anton André (1775–1842) studierte. Bei diesem Komponisten und Musikverleger erschienen 1803 seine ersten Schöpfungen. Nach seiner Zeit als Kapellmeister einer umherziehenden Schauspieltruppe arbeitete er als Musikdirektor, 1805 in Gotha und 1806 in Danzig und anschließend in Magdeburg. Nach diesem unruhigen Wanderleben zog er 1808 nach Wien. Mit Musikern wie Joseph Weigl (1766–1846), Ludwig van Beethoven (1770–1827), Carl Czerny (1791–1857) und Franz Schubert (1797–1828) sowie vielen weiteren Komponisten, Musikern und Sängern war die Donaustadt mit ihren rund 300.000 Bewohnern damals nicht nur österreichische Hauptstadt, sondern „Hauptstadt der europäischen Musik“.

Riotte verdiente sein Geld als Klavierlehrer und musikalischer Unterhalter sowie mit eigenen Kompositionen. Große Verbreitung fanden seine „Charakteristischen Tongemälde“, zu denen das Werk „Schlacht von Leipzig oder Deutschlands Befreiung“ gehörte, das musikalisch die Befreiungskriege gegen die französische Vorherrschaft in Mitteleuropa (1813/15) behandelte. Von 1818 bis 1821 und erneut von 1826 bis 1828 war Riotte fest angestellter Vizekapellmeister am Theater an der Wien, ansonsten arbeitete er als freier Künstler, vor allem für das Leopoldstädter Theater und das Josefstädter Theater. Wie üblich, widmete auch er Adligen, die zu seinen Auftraggebern zählten, Kammermusikstücke. Überliefert ist zudem ein Schreiben aus Rudolstadt/Thüringen vom 14. August 1808, mit dem Riotte sein Klavierkonzert in C-Dur op. 15 Beethoven widmete.

In Wien gehörte der aus St. Wendel stammende Musiker zu den meistgespielten Komponisten seiner Zeit, heute dagegen ist er so gut wie vergessen. Sein umfangreiches Werk besteht u.a. aus 14 Opern, 33 Operetten, elf Balletten, sieben Kinderballetten, mehreren Streich-, Flöten- und Klarinettenkonzerten, Sonaten und zwei Sinfonien sowie etlichen Einzelwerken wie „Die geschwätzige Stumme von Nußdorf“, „Die Drillingsschwestern und der Waldgeist“ oder „Die Liebe auf der Alm“. Beliebt war insbesondere seine Unterhaltungsmusik, die auch beim Wiener Kongress (1814/15)

In St. Wendel erinnert ein Standbild vor seinem Geburtshaus an den Komponisten Philipp Jakob Riotte (1776–1856), der einst so bekannt war wie Mozart.

erklang. Mit solch populären Stücken trug er dazu bei, dass die Vorherrschaft der italienischen Oper zurückgedrängt wurde. 1854, zwei Jahre vor seinem Tod, widmete er das Stück „Das süße Glück der ersten Liebe" Kaiser Franz Joseph (1830–1916) und Kaiserin Sisi (1837–1898) anlässlich deren Eheschließung.

Auch wenn er als anerkannter Musiker seine Geburtsstadt nicht wieder besuchte, hatte er die Heimat nicht vergessen. Testamentarisch vermachte der verheiratete, aber kinderlose Riotte sein Vermögen einer Stiftung, die Bedürftigen in St. Wendel zugutekommen sollte; diese Stiftung bestand bis 1908. Im Juni 2013 erklang in der Völklinger Hütte im Rahmen der Musikfestspiele Saar sein „Grand Concerto c-Moll für Klarinette und Orchester" – Beleg genug, wie qualitätsvoll und hörenswert die Werke von Philipp Jakob Riotte auch heute noch sind. In St. Wendel erinnern eine Straße, eine Gedenktafel am Geburtshaus und seit 2016 eine Bronzefigur von Kurt Tassotti auf dem Fruchtmarkt an den vielseitig begabten Sohn der Stadt, der einst so gerühmt war wie Mozart.

27 Der Scheich von Saarabien
Carl Ferd. Stumm aus Neunkirchen

Neben der Dillinger Hütte und den Hütten in Völklingen und Burbach befand sich in Neunkirchen ein weiterer bedeutender Standort der deutschen Stahlproduktion. Hier hatte bereits Graf Albrecht von Nassau-Weilburg (1537–1593) kurz vor seinem Tod die erste Eisenhütte errichten lassen. Nach einer in jeder Hinsicht wechselvollen Geschichte übernahm 1806 die Familie Stumm das Unternehmen, das unter Carl Ferdinand Stumm seine Blütezeit erlebte.

Als Carl Ferdinand, 1836 in Saarbrücken geboren, mit 22 Jahren das Hochofen- und Puddelwerk der Gebrüder Stumm OHG übernahm, gehörte das Unternehmen zu den fortschrittlichsten und größten Eisenhüttenwerken im Kaiserreich. Schon Mitte des 19. Jahrhunderts gewährte es seinen Arbeitern soziale Leistungen. Der studierte Jurist heiratete 1860 Ida Charlotte Böcking (1839–1918), mit der er fünf Kinder hatte. Nach dem Ende des Deutsch-Französischen Krieges 1871, an dem Stumm als Offizier teilgenommen hatte, führte er das Unternehmen – zu dem auch Mehrheitsbeteiligungen an der Dillinger Hütte und der Halberger Hütte gehörten – als Alleininhaber und machte es zum Marktführer der Eisenindustrie. Als besonders einträglich erwies sich in Dillingen die Produktion von Panzerplatten, die der Flottenrüstung dienten.

Mit der zunehmenden Roheisenerzeugung nahm auch die Zahl der Mitarbeiter zu; alleine der Standort Neunkirchen hatte im Jahr 1900 etwa 4.200 Beschäftigte. Während die Werke an der Saar dank der von Kaiser Wilhelm II. (1859–1941) forcierten Aufrüstung des Reiches florierten, engagierte sich Stumm auch politisch. So war der Mitbegründer der 1867 gegründeten Freikonservativen Partei u.a. von 1871 bis 1881 sowie von 1889 bis zu seinem Tod Reichstagsabgeordneter für den Wahlkreis Ottweiler-St.-Wendel-Meisenheim. Von christlich-patriarchalischem Denken geprägt, unterstützte er einerseits Bismarcks Kampf gegen die Sozialdemokratie, andererseits widersprach er dessen Sozialgesetzgebung. Wie auch andere Industrielle seiner Zeit ließ der rechtskonservative Protestant seinen Arbeitern soziale Fürsorge zukommen, verlangte im Gegenzug allerdings unbedingte Gefolgschaft. Sein Eigeninteresse bestimmte seine politische Haltung. Er befürwortete Schutzzölle, aber auch Reformen im Familienrecht.

Mit seiner Familie bezog er das 1880 im neogotischen Stil vollendete Schloss Halberg bei Saarbrücken; die herrschaftliche Anlage war von einem Landschaftspark umgeben, den der bekannte Frankfurter Gartenbaumeister Heinrich Siesmayer (1817–1900) gestaltet hatte. Im Schloss, das zu den größten Gebäuden des Saarlands gehört, empfing Stumm 1892 Kaiser Wilhelm II. Dessen Vater, Friedrich III. (1831–1888), hatte den Hausherrn

Im Zentrum von Neunkirchen ehrt seit 1902 ein Bronzestandbild Carl Ferdinand Stumm (1836–1901), Industrieller, Politiker und Mäzen, der der Stadt zu wirtschaftlicher Blüte verhalf.

sowie dessen Brüder Ferdinand Eduard (1843–1925) und Hugo Rudolf (1845–1910) in den Freiherrnstand erhoben. Stumms Rolle als führender Industrieller Deutschlands und sein Einfluss auf die Wirtschafts- und Sozialpolitik des Kaisers brachten ihm viel Achtung und Anerkennung, doch ebenso Missgunst und Ächtung ein. Reichskanzler Otto von Bismarck (1815–1898) soll ihn als „König Stumm" tituliert und der liberale Politiker Friedrich Naumann (1860–1919) soll ihn als „Scheich von Saarabien" bezeichnet haben; im Volksmund dagegen hieß er einfach nur „Schlacke Karl".

Zu seinen zahlreichen Stiftungen gehören die evangelische Christuskirche in Neunkirchen (1869) und der Bismarckturm bei Landstuhl (1900). 1902, ein Jahr nach seinem Tod, wurde Carl Ferdinand von Stumm-Halberg mit einem überlebensgroßen Bronzestandbild in Neunkirchen geehrt. So ist der Unternehmer weiterhin präsent in der Stadt, deren Wohlstand und deren Stadtbild eng mit dem von ihm geführten Neunkircher Eisenwerk verbunden sind. Anlässlich Stumms 100. Geburtstag 1936 stiftete das Eisenwerk der Stadt am Hüttenberg ein Arbeiterdenkmal. Die auf einem vier Meter hohen Sockel stehende „Figur des Eisengießers", ein Werk des Bildhauers Fritz Claus (1885–1956), ist bewusst als Gegenpol zum rund 200 Meter entfernt platzierten Stumm-Denkmal konzipiert und stellt ein Wahrzeichen Neunkirchens dar. Der Konzern dagegen, 1933 in eine Aktiengesellschaft umgewandelt, existiert nicht mehr. Mit der im Jahr 1982 erfolgten Fusion mit dem einstigen Konkurrenten, der Stahlwerke Röchling Burbach GmbH, und der Verlagerung der Produktion endete in Neunkirchen die Herstellung von Roheisen.

28 Das größte Grobblechwerk Europas
Die Dillinger Hütte

Ein weiterer wichtiger Industriestandort war und ist noch immer Dillingen. Die AG der noch heute produzierenden Dillinger Hüttenwerke blickt auf eine rund 340-jährige Geschichte zurück.

Im Jahr 1685 gewährte der französische König Ludwig XIV. (1638–1715), der wenige Jahre zuvor Saarlouis und Umgebung annektiert hatte, dem lothringischen Marquis Charles Henry Gaspard de Lenoncourt (1649–1713), Herr über Dillingen, die Konzession für eine Eisenhütte. Mit genügend Wasser, Holzreichtum und dem Vorhandensein von Erz waren die Voraussetzungen für einen solchen Betrieb an der Saar gegeben – und die benachbarte Festungsstadt Saarlouis bot sich als Markt an. Hier wurden Suppentöpfe genauso gebraucht wie Kanonenkugeln. Bis zur Mitte des 18. Jahrhunderts blieb das Unternehmen im Besitz der Familie Lenoncourt, die hier auch landwirtschaftliche Geräte wie Sensen, Sicheln oder Schippen und Ofenplatten herstellen ließ. Nach mehreren Eigentümerwechseln wurde das Eisenwerk 1809 in eine AG umgewandelt, es gehört damit zu den ältesten Aktiengesellschaften Deutschlands.

Zu dieser Zeit hatte sich das Unternehmen auf die Produktion von Schwarz- und Weißblech, dann auch auf Kupfer- und Wellblech spezialisiert. 1818 übernahmen die Gebrüder Stumm aus Neunkirchen das Werk und bauten es unter dem Namen Dillinger Hüttenwerke zu einem florierenden Eisenwerk aus. Ab Mitte des 19. Jahrhunderts lieferte es für die vielen neuen Eisenbahnstrecken die Schienen, so auch für die Saarstrecke, und das hier hergestellte gewalzte und verzinkte Wellblech wurde in den kommenden Jahren für die Dächer der gewölbten Bahnsteighallen verwendet. Unter Wilhelm II. übernahm das Unternehmen zunehmend Staatsaufträge für das Militär, insbesondere für die Marine.

Im Jahr 1902, als das Werk mehr als 2.500 Arbeiter (hier „Hüttenbären“ genannt) beschäftigte, entstand in Dillingen das erste elektrisch betriebene Feinblechwalzwerk Europas. Mit derlei Anpassungen an den Markt und den permanenten Modernisierungen verstand es die Unternehmensleitung, konkurrenzfähig zu bleiben und Krisen zu meistern. Ihrer Qualität und Innovation wegen genossen die Produkte von der Saar weltweit einen guten Ruf. Und auch die Arbeiter waren dank der sozialen Fürsorge und betrieblicher Einrichtungen (u.a. Unterstützungs- und Pensionskasse, Werkswohnungen, Krankenhaus, Schule) zufrieden mit ihrem Arbeitgeber.

Während des Zweiten Weltkriegs wurden die Produktionsanlagen zu 65 Prozent zerstört, doch nach und nach gelang die Rückkehr zur alten wirtschaftlichen Blüte. 1962 ging weltweit die erste Brammenstranggussanlage in Betrieb, 1971 folgte das leistungsstarke Grobblechwalzwerk, das mittlerweile jährlich etwa zwei Millionen Tonnen Grobbleche unterschiedlichster Dicke herstellt. Verwendet werden diese Bleche beim Bau von Brücken und

Die Dillinger Hütte blickt auf eine 340-jährige Geschichte zurück; sie ist heute das größte Grobblechwerk Europas.

Pipelines, Bohrinseln oder Schiffen, im Druckbehälter- und Kesselbau oder bei Baumaschinen und im Bergbau. Bekannt sind die hochwertigen Stahlprodukte für ihr reduziertes Eigengewicht, das jedoch höchste Stabilität gewährleistet.

Größter Anteilseigner der traditionsreichen Dillinger Hüttenwerke ist die Saarstahl AG, die inzwischen in Dillingen den einzigen Produktionsstandort für Roheisen im Saarland unterhält und über umfangreiche Umschlagsanlagen im Hafen Saarlouis/Dillingen verfügt.

Deutschlandweite Aufmerksamkeit erhielt das Unternehmen am 10. September 1987 anlässlich einer Begegnung zwischen dem saarländischen Ministerpräsidenten Oskar Lafontaine (geb. 1943 in Saarlautern/Saarlouis) und dem Vorsitzenden des Staatsrats der DDR, Erich Honecker (1912–1994). Beide Politiker trafen sich mit Vertretern der Politik und Wirtschaft in der Dillinger Hütte zu einem Essen. Der in Neunkirchen als Sohn eines Bergarbeiters geborene Honecker weilte damals auf Staatsbesuch in der Bundesrepublik und besuchte seine Heimat, die ihn sehr beeindruckte, verfügte doch das kleine Saarland über eine effizientere Wirtschaft als die gesamte DDR.

29 Fortschritt um 1850
Die Saarregion und die Eisenbahn

Der Eisenbahnbau ab Mitte des 19. Jahrhunderts war Wegbereiter für die Industrialisierung der Saarregion. Es überrascht, wie früh hier das Eisenbahnzeitalter begann und wie engmaschig es ausgebaut wurde.

Bereits im Januar 1836 und damit nur wenige Wochen nach der allerersten Bahnfahrt in Deutschland gründeten Unternehmer in Saarbrücken die „Gesellschaft für die Errichtung einer Eisenbahn von Saarbrücken nach Mannheim". Zwei Jahre später folgte die „Pfälzische Ludwigsbahn-Gesellschaft", die ab 1847 eine 107 Kilometer lange Ost-West-Verbindung von Ludwigshafen durch den Pfälzerwald verlegte. Dies war die erste Bahnstrecke in Deutschland, die mit zahlreichen Tunneln und Brücken ein Gebirge durchquerte. Homburg erhielt 1848 Bahnanschluss, ein Jahr später wurde von dort die Strecke nach Bexbach eröffnet. In Bexbach, damals Grenzstadt zu Preußen, endete die Pfälzische Ludwigsbahn. Der Ort war so bedeutend, weil er mit der Grube Frankenholz über die einzige Steinkohlengrube Bayerns verfügte. Da das Empfangsgebäude Homburg im Zweiten Weltkrieg zerstört wurde, ist der 1849 eröffnete Bahnhof Bexbach das älteste erhaltene Bahnhofsgebäude im heutigen Saarland.

In den Jahren danach erfolgte die Streckenfortführung nach Neunkirchen und Saarbrücken, ein Projekt der „Königlich-Saarbrücker Eisenbahn". Ab 1853 existierte eine durchgehende Verbindung von Paris über Saarbrücken nach Mainz, zwischen Neunkirchen und Ludwigshafen war sie ab 1856 zweigleisig ausgebaut. Von kleinen Veränderungen abgesehen, stellt diese Strecke aus der Mitte des 19. Jahrhunderts die Basis für die heutige und Anfang der 1960er-Jahre elektrifizierte Hochgeschwindigkeitsstrecke Frankfurt–Mannheim–Saarbrücken–Paris dar. Von militärstrategischer Bedeutung war sie insbesondere im Deutsch-Französischen Krieg 1870/71. Neben dem Personenverkehr übernahm die (1909 von der Königlich Bayerischen Staatseisenbahn übernommene) Ludwigsbahn-Gesellschaft den einträglichen Transport von Kohle aus der Saarregion an den Rhein.

Nun ging es Schlag auf Schlag. Mit teils privatem, teils staatlichem Kapital, vor allem der Arbeitskraft Tausender Gleisbauarbeiter wurde die gesamte Region an das Eisenbahnnetz angeschlossen. Mit der Eröffnung der Strecke nach Zweibrücken (1857) entwickelte sich Homburg zu einem der wichtigsten Eisenbahnknotenpunkte der Region. Von Saarbrücken aus führten die 1852 eröffnete und in Etappen gebaute Nahetalbahn 140 Kilometer über Neunkirchen nach Bingen und die sechs Jahre später eingeweihte und 1860 vollendete 88 Kilometer lange Saarstrecke über Merzig nach Trier mit Anschluss nach Luxemburg (1861). Neben diesen Hauptstrecken existierten bis Ende des 19. Jahrhunderts zahlreiche, oft nur wenige Kilometer lange Nebenstrecken, etwa von Türkismühle (heute im Norden des Saarlands, damals Teil des Fürstentums Oldenburg) über Hermeskeil nach Trier (Hochwaldbahn) oder

Das ehemalige Empfangsgebäude Beckingen (ursprünglich 1859, 2009–2014 umfangreich saniert) ist der zweitälteste erhaltene Bahnhof im Saarland.

nach Kusel (Westrichbahn). Ab 1866/67 war die Würzbachbahn von Schwarzenacker nach St. Ingbert befahrbar, die Fischbachtalbahn (1879) verband Saarbrücken mit Neunkirchen und die Primstalbahn (1897) Wemmetsweiler mit Lebach. Heute eine Nebenstrecke, damals für den Güterverkehr und den Personenfernverkehr eine wichtige West-Ost-Verbindung von der Saargegend nach Süddeutschland, war die in Etappen bis 1895 gebaute Strecke von Rohrbach bei Homburg nach Landau. Bereits seit 1870 war eine Verbindung von Saarbrücken nach Sarrguemines hergestellt.

Zu Beginn des 20. Jahrhunderts wurde das Streckennetz noch erweitert, etwa mit der Glantalbahn von Homburg nach Bad Münster am Stein (1904) oder von St. Wendel nach Tholey (1915). So waren um 1900 fast alle größeren Gemeinden der Saarregion mit dem Zug erreichbar, was für die Bevölkerung eine Zeitersparnis bedeutete und für die Eisen- und Tuchindustrie, die Papiermühlen oder die Brauereien ein Gewinn war. Allerdings verdrängte das neue Verkehrsmittel den Schiffsverkehr und damit den Schiffbau an der Saar. Die größte Dichte im saarländischen Bahnnetz war 1938 erreicht, sie lag deutlich über dem reichsweiten Durchschnitt. Abgesehen von diesen Strecken gab es zahlreiche Gruben- und Firmenanschlüsse. Parallel mit der Gleisverlegung waren die mehr oder weniger repräsentativen, teils heute noch vorhandenen Bahnhofsgebäude entstanden.

Mit der Zunahme des Individualverkehrs in den 1960er-Jahren wurden etliche Strecken stillgelegt, manche dienen Museumsfahrten (Merzig–Büschfeld) oder als Radwege (Tholey–St. Wendel). Doch nach wie vor ist das Saarland gut vernetzt und mit der traditionsreichen Strecke Mannheim–Saarbrücken–Paris verläuft eine der wichtigsten europäischen Bahnstrecken durch das Saarland; einige TGV/ICE-Verbindungen benötigen von der Saar bis an die Seine gerade mal eine Stunde und 50 Minuten.

30 Brautradition seit 1878
Die Karlsberg Brauerei in Homburg

Brauereien gehören zur Identität eines Landes, erst recht wenn sie sich, wie vielfach auch Weingüter, über mehrere Generationen in Familienbesitz befinden. Zu diesen geschichtsträchtigen, überregional bekannten Brauereien gehört auch die in Homburg ansässige Karlsberg Brauerei.

Der Kaufmann Christian Weber (1840–1939) gründete das Unternehmen als „Bayerische Bierbrauerei zum Karlsberg" 1878 und damit wenige Jahre nach der Reichsgründung, die vor allem für die Wirtschaft eine ungeahnte Aufbruchsstimmung bedeutete. Er übernahm die Brauanlagen und Brunnen aus der Konkursmasse der Brauerei Jacoby. Die Namensgebung verweist auf die ehemalige, im Auftrag von Herzog Karl II. August von Pfalz-Zweibrücken (1746–1795) errichtete barocke Schlossanlage Karlsberg in der Nähe. Innerhalb weniger Jahre expandierte der Betrieb, sodass bereits 1884 ein Neubau mit modernem Brauhaus am Stadtrand folgte. Abnehmer in großem Maße waren die Eisenhütten, da Freibier ein Teil des Gehalts der Bergleute war, ebenso die früher zahlreich vorhandenen Wirtshäuser und Biergärten, in denen vor allem Kellnerinnen eine knochenharte Arbeit leisten mussten.

Zum Aufschwung des Unternehmens hatte aber auch die neue Verkehrstechnik beigetragen. Während vor 1850 die Wege zu den Absatzmärkten mittels Pferdekutschen und Ochsenkarren bewältigt worden waren, stand nun als effektives Transportmittel die Eisenbahn zur Verfügung. Eine weitere Errungenschaft der Zeit war die Erfindung der Kältemaschine durch Carl von Linde (1842–1934), die als Ersatz für Natureis eine ganzjährige Kühlung bei der Bierproduktion gewährleistete. Diese neue Technik war in Homburg ab 1896 im Einsatz, ein Jahr später wurde die Firma Karlsberg in eine Aktiengesellschaft umgewandelt. Bereits 20 Jahre nach Gründung lag die Produktion bei 90.000 Hektolitern pro Jahr.

Waren um 1900 schon eigene Eisenbahnwaggons in Betrieb, erhöhte der Einsatz von Lastwagen ab 1910 den Vertriebsradius. Weitere Modernisierungen und die Gewährung sozialer Leistungen für die Mitarbeiter fanden unter der Leitung von Richard Weber (1876–1946), dem Sohn des Firmengründers, statt. Das Unternehmen überlebte alle Stürme der Zeit, selbst die verheerenden Zerstörungen der Produktionsanlagen im Zweiten Weltkrieg. Unter Leitung von Paul Weber (1915–1994) füllte Karlsberg ab 1953 sein Bier auch in Getränkedosen ab, was dem Unternehmen ein zusätzliches Wachstum bescherte; die Ausstoßmenge lag nun bei annähernd 250.000 Hektolitern (1954).

Aufgrund seines sozialen Engagements wurde Paul Weber 1980 zum Ehrenbürger der Stadt Homburg ernannt, nach seinem Tod wurde das Berufsbildungszentrum seiner Heimatstadt in Paul-Weber-Schule umbenannt. Im Laufe der Jahrzehnte wurden kleinere Brauereien der Region aufgekauft, so auch die traditionsreiche

Die Karlsberg Brauerei Homburg verkörpert seit rund 150 Jahren bayerisch-saarländische Brautradition.

Brauerei Becker in St. Ingbert (1989), und die Produktpalette wurde mit alkoholfreien Getränken (Biermischgetränke, Fruchtsäfte, Mineralwasser und Limonaden) erweitert. Auch heute noch befindet sich das Unternehmen in Familienbesitz und nimmt mit Veranstaltungen und Sponsoring am kulturellen Leben der Stadt teil, wo es seit 1953, anlässlich des 75. Firmenjubiläums, mit dem Karlsberg-Brunnen Präsenz zeigt.

Am Standort Homburg arbeiten rund 500 Beschäftigte bei der Karlsberg Holding, insgesamt sind mehr als 1.700 Mitarbeiter für das Unternehmen tätig, allein der Bierausstoß liegt mittlerweile bei ca. 3,5 Millionen Hektolitern. Um Verwechslungen mit der dänischen Carlsberg Brauerei auszuschließen, verwendet das Homburger Familienunternehmen für das Exportgeschäft die Bezeichnung „Karlsbräu". Für die Biere aus dem Saarland gilt dank des vorzüglichen Homburger Brauwassers auch heute noch der Werbespruch der frühen 1980er-Jahre: „Die herbe Frische, die so gut bekommt."

31 Den Naturfreunden gewidmet
Der Alexanderturm im Bliesgau

Bereits vor Gründung der Wandervereine (Pfälzerwald-Verein, 1902, oder Saarwald-Verein, 1907) begeisterten sich Bürger und Arbeiter in der und für die Natur. Sie machten sich um den Naturschutz und die Landschaftspflege verdient und legten Wanderwege an. Diesen Naturfreunden widmete Alexandre Louis Guillaume Jacomin de Malespine einen Aussichtsturm oberhalb von Böckweiler auf dem Großen Kahlenberg.

In der Biografie des Wohltäters spiegelt sich deutsch-französische Geschichte wider: Geboren 1821 in Zweibrücken, wuchs er zweisprachig auf und war vertraut mit den länderübergreifenden Mentalitäten und Kulturen. Sein Vater, Baron Benoit Auguste Alexandre Jacomin de Malespine (1774–1855), stammte aus Südfrankreich, während der französischen Besatzung (ab 1792) kam er als junger Offizier in das neu gegründete Arrondissement Zweibrücken, das Teil des Départements du Mont-Tonnerre (Departement Donnersberg) war. In diesem Gebiet – das zunächst zur Republik, ab 1804 zum Kaiserreich Frankreich gehörte – wirkte er als Inspektor der staatlichen Domänen. Alexandres Mutter Maria Magdalena Antoinette Theodora de Barthelmy (1785–1859) war in der damals zu Frankreich gehörenden Festungsstadt Landau/Pfalz geboren, ihr Vater war Kommandant der französischen Militäradministration in Hagenau/Elsass, ihrem Großvater hatte einst die französische Militärverwaltung in Landau oblegen. Nach der Neuordnung Europas auf dem Wiener Kongress (1815) blieb die Familie im neu gebildeten Rheinkreis, der nun Teil des Königreichs Bayern war.

Im Jahr 1829 erwarben die Eltern von Alexandre zwei herrschaftliche Güter, den Kahlenberger Hof und den Kirchheimer Hof bei Breitfurt/Blieskastel. Nach deren Tod ließ Alexandre den repräsentativen Kirchheimer Hof von einer wildromantischen Parkanlage mit Pavillons, Brunnen, Grotten und einem vielfältigen Baumbestand umgeben. Seine Residenz galt als der „schönste Hof zwischen Nahe und Vogesen". Eine bereits bestehende Quelle auf dem Areal, die der heiligen Odilia (um 660–720), Schutzpatronin des Elsass und des Augenlichts, gewidmet war, ließ der wohlhabende Gutsbesitzer zur zeitgemäßen Pilgerstätte ausbauen. Testamentarisch hinterließ Alexandre Louis Guillaume Jacomin de Malespine dem Bistum Speyer ein ansehnliches Vermögen, inklusive des Kahlenberger Hofs. Mit dieser Hinterlassenschaft wurde in Bliesdalheim eine katholische Pfarrei gegründet und die 1801 erbaute Friedhofskapelle zur heutigen Pfarrkirche St. Wendelinus ausgebaut (1923). Der Schöngeist und Ehrenmann verstarb 1893 auf seinem Hof, bestattet wurde er im Familiengrab auf dem Hauptfriedhof Zweibrücken.

Noch zu seinen Lebzeiten wurde eine weitere Stiftung des Gutsherrn verwirklicht: Auf dem nahe bei seinem Wohnort gelegenen Kahlenberg, mit 401 Metern höchster Berg des Bliesgaus, entstand

Die Reste des 1893 auf dem Großen Kahlenberg errichteten Alexanderturms sind nach wie vor ein beliebtes Wanderziel für Mensch und Hund.

1893 ein Aussichtsturm, der nach ihm benannte Alexanderturm. Er war rund 26 Meter hoch und von Weitem sichtbar. Die Inschrift der Sandsteintafel über dem Turmeingang würdigt den Bauherrn: „Alexandersthurm – Naturfreunden gewidmet von Baron Alexandre Jacomin de Malespine, Gutsbesitzer auf dem Kirchheimerhof". Jahrzehntelang war der Turm ein beliebtes Ziel für Wanderer, da er eine fantastische Rundumsicht und zugleich Schutz bot. Die 2,70 Meter breite Aussichtsplattform war nach 142 Stufen erreicht, dann konnte man bei klarer Sicht den Donnersberg, den Pfälzerwald, die Vogesen und, mit etwas Fantasie, sogar das Straßburger Münster sehen.

Im Zuge der Baumaßnahmen des Westwalls sprengten deutsche Pioniere wenige Tage nach Beginn des Zweiten Weltkriegs im September 1939 den Turm, übrig blieb lediglich das Erdgeschoss aus dicken roten Sandsteinquadern. Seit 2005 bemüht sich die Fördergemeinschaft Wiederaufbau Alexanderturm e.V. um die originalgetreue Wiederherstellung des Turms. Die Verwirklichung dieses ehrgeizigen Projekts ist wünschenswert – im Sinne des einstigen Stifters und heutiger Naturfreunde.

32 Impressionist aus St. Ingbert
Albert Weisgerber

„Weisgerber, Albert … ist ein Vertreter des deutschen Frühexpressionismus. Ausgebildet wurde er in München an der Akademie von Hackl und Stuck … 1913 wurde er erster Präsident der Neuen Münchner Secession. Seine großfigurigen, expressiven Bilder haben meist mythologische oder religiöse Themen." So heißt es über den 1878 als Sohn eines Bäckers in St. Ingbert geborenen Maler Albert Weisgerber. Immerhin belegen diese wenigen Zeilen in einem einbändigen „Lexikon der Malerei" unserer Zeit die Bedeutung des Künstlers.

Neben dem 1855 in Saarbrücken geborenen und 1920 in Berlin verstorbenen Carl Röchling sowie dem 1871 in Saarlouis auf die Welt gekommenen und 1944 in München verstorbenen Rudolf Hesse gehört Albert Weisgerber zu den überregional und noch heute bekannten Malern aus dem Saarland.

Nach einer Ausbildung zum Dekorationsmaler in Frankfurt/M. wechselte er 1894 kurzzeitig an die Kreisbaugewerbeschule in Kaiserslautern (Klasse für Zimmer- und Dekorationsmalerei), von 1894 bis 1901 studierte er in der bayerischen Hauptstadt an der Akademie der Bildenden Künste, wo er Schüler des vielfach ausgezeichneten und deutschlandweit anerkannten Künstlers und Professors Franz Stuck (1863–1928) war. Dort lernte er Paul Klee (1879–1940), Wassily Kandinsky (1866–1944) und Hans Purrmann (1880–1966) kennen. Weisgerber arbeitete mehrere Jahre für die neue Münchner Wochenzeitschrift „Jugend", die wiederum zum Namensgeber einer ganzen Kunstepoche wurde: des Jugendstils.

Auf seinen Reisen nach Paris studierte er die Malerei der Impressionisten und setzte sich in der französischen Metropole mit den aktuellen Kunstströmungen auseinander. Im Künstlerkreis des Pariser „Cafés du Dôme", dem er von 1905 bis 1907 mit Unterbrechungen fast zwei Jahre hinweg angehörte, machte er persönlich Bekanntschaft mit Henri Matisse (1869–1954). Einfluss auf seine Kunst gewannen neben diesem auch Édouard Manet (1832–1883), Henri Toulouse-Lautrec (1864–1901) und Paul Cézanne (1839–1906). Weisgerber malte Alltagsszenen, darunter den Besuch im Biergarten, in einem Café oder dem Varieté. Titel seiner feinsinnigen Werke lauten „Dame mit Windhund", „Jahrmarkt in Kufstein", „Münchener Hofgarten" oder „Prozession in St. Ingbert". Bereits 1906 erwarben die Neue Pinakothek in München und die Städtische Galerie im Städel in Frankfurt/M. Werke des jungen Künstlers.

Nach einer Reise nach Florenz (1909), wo sich Weisgerber der italienischen Frührenaissance widmete, wandte er sich zunehmend religiösen Themen und biblischen Figuren zu. Seit 1907 mit Margarete Pohl (1878–1968) verheiratet und inzwischen viel beachtet, nahm er

Der Impressionist Albert Weisgerber (1878–1915) zählt zu den großen Söhnen der Stadt St. Ingbert.

1911/12 an Ausstellungen in München, Dresden, Berlin, Köln und Zürich teil. 1913 gründete Weisgerber mit Weggefährten wie Paul Klee und Alexej von Jawlensky (1865–1941) die „Neue Münchner Secession“, die sich nun stärker dem Expressionismus zuwandte und deren erster Präsident er war.

Unmittelbar nach Ausbruch des Ersten Weltkriegs meldete sich der begabte Künstler, wie etliche seiner Kollegen, im Sommer 1914 freiwillig zum Kriegseinsatz. Im Mai 1915 endete sein Leben als Leutnant und Kompanieführer in Französisch-Flandern. Weisgerber hinterließ ein umfangreiches Werk von Ölgemälden, Zeichnungen und Grafiken, das trotz der ihn beeinflussenden zeitgenössischen Strömungen durch einen eigenen Stil gekennzeichnet ist. Im „Dritten Reich“ galten seine Bilder als „entartet“.

Ein großer Teil seines Nachlasses konnte von der Stadt St. Ingbert erworben werden und bildete den Grundstock für den Aufbau einer Weisgerber-Sammlung in seiner Heimatstadt. Diese soll in Zukunft in der „Neuen Baumwollspinnerei“ in St. Ingbert in einer Dauerausstellung des ihm gewidmeten Albert-Weisgerber-Museums präsentiert werden. Mit diesem Museum, seinem Geburtshaus, einer Allee und einer ebenso nach ihm benannten Schule sowie dem „Albert-Weisgerber-Preis für Bildende Kunst“, den die Stadt St. Ingbert seit 1958 vergibt, lassen sich auch heute noch Spuren des vielseitig talentierten Künstlers in seiner Geburtsstadt entdecken.

33 Von der Kreisirrenanstalt zur Uniklinik
Die Klinik Homburg

Die im Zusammenhang mit der Industrialisierung stehende allgemeine Bevölkerungszunahme gegen Ende des 19. Jahrhunderts, die zunehmend geringer werdende gesellschaftliche Akzeptanz gegenüber abweichendem Verhalten, das Auftreten neuer Krankheitsformen und die Bürokratisierung des „Irrenwesens“ führten auch im äußersten Südwesten des Reiches zur Errichtung von Heil- und Pflegeanstalten.

Standort der im Juli 1876 neu eröffneten Einrichtung „Provinzielle Irrenanstalt“ war Merzig, damals Teil der preußischen Rheinprovinz. In der Abgeschiedenheit konnten hier bis zu 800 Patienten angemessen betreut werden, sie wurden nicht weggesperrt, sondern konnten sich landwirtschaftlich betätigen. Eine weitere derartige Anstalt im heutigen Saarland entstand zwischen 1904 und 1909 auch in Homburg, damals zur bayerischen Pfalz gehörend. Auch hier stand nicht mehr wie noch 100 Jahre zuvor die „Verwahrung der Irren“ im Vordergrund, sondern die Pflege und Fürsorge der geisteskranken und schwerbehinderten Menschen. Auf einem großflächigen Areal an der Kirrberger Straße bildete sich eine zeitgemäße Anlage im Heimatjugendstil heraus mit zahlreichen Gebäuden (u.a. Pförtner- und Direktorenhaus, Verwaltungsgebäude, Koch- und Waschküche, Maschinenhaus, Leichenhalle, Krankenhaus). Der Entwurf der Anlage stammte von dem Architekten Heinrich Ullmann (1872–1953), Bauamtsassessor am Landbauamt Speyer.

Bei der Eröffnung der „Kreisirrenanstalt Homburg“ am 1. Juni 1909 standen Plätze für rund 450 Patienten zur Verfügung, die nach dem neuesten medizinischen Stand der Zeit behandelt wurden und denen Bade- und Waschräume einen hohen Standard boten. Vom Bau, der Ausstattung und Einrichtung der neuen Anstalt profitierten zahlreiche Homburger Unternehmer. Zur Anlage gehörten ein Gutshof zur Selbstversorgung der Anstalt, eine Gärtnerei und verschiedene Werkstätten, die den arbeitsfähigen Patienten eine sinnvolle Beschäftigung boten. Die Simultankirche im Jugendstil entwickelte sich zum Ort vielfältiger kultureller Veranstaltungen.

Im Lauf der Jahre erhöhte sich diese Zahl bis auf 1.000 Plätze, ebenso stieg die Anzahl der Pflegekräfte, deren Ausbildung sich professionalisierte. Die Berufsbezeichnung wandelte sich vom „Wärter“ zum „Pfleger“.

Nach dem Ersten Weltkrieg, 1922, wurde die „III. Pfälzische Heil- und Pflegeanstalt“ in ein Landeskrankenhaus (LKH) für das Saargebiet umgewandelt; die noch verbliebenen Patienten aus der Pfalz waren nach Klingenmünster oder Frankenthal verlegt worden, die übrigen in die preußische Anstalt nach Merzig.

Ab 1935 wurde auch das Homburger Krankenhaus in das rassenpolitische Programm der Nationalsozialisten einbezogen. Aufgrund des „Gesetzes zur Verhütung erbkranken Nachwuchses“ wurden etwa

Die Ursprünge des heutigen Universitätsklinikums Homburg liegen in der 1909 eröffneten Kreisirrenanstalt.

800 Patienten und 600 Patientinnen zwangssterilisiert, 670 Menschen wurden Opfer der NS-Euthanasie. Sie starben zwar nicht in Homburg, aber an anderen Orten, überwiegend im hessischen Hadamar oder im pfälzischen Klingenmünster. Es ist davon auszugehen, dass bis 1945 zwischen 2.500 und 3.000 Menschen aus dem Saarland Opfer der klinisch veranlassten Vernichtung durch die Nationalsozialisten wurden. An diese Opfer erinnert seit September 2020 auf dem historischen Friedhof der Klinik eine Stele mit der Inschrift „Erinnern–Mahnen–Lernen". Ab September 1939 dienten die Krankenhäuser in Merzig und Homburg als Kriegslazarette.

Die Wiederinbetriebnahme des nicht zerstörten Krankenhauses erfolgte bereits zu Beginn des Jahres 1946 mit der Einrichtung von medizinisch-klinischen Fortbildungskursen für die aus der Kriegsgefangenschaft heimgekehrten saarländischen Medizinstudenten. Im März 1947 fand auf dem Gelände der ehemaligen Anstalt die Gründung der Universität des Saarlands statt, und zwar als Partneruniversität von Nancy. Einige historische Gebäude wie die Kirche und die Bibliothek haben die wechselvolle Geschichte überstanden und stehen unter Denkmalschutz, andere Bauten dagegen beeindrucken durch ihre postmoderne Architektur. Heute ist das am Waldrand gelegene Klinikum Homburg das größte Krankenhaus des Saarlands, das auch über die Landesgrenzen hinweg einen guten Ruf genießt.

34 Größter Sakralbau des Saarlands
Der Saardom in Dillingen

Bereits in vor- und frühgeschichtlicher Zeit besiedelt, während der römischen Zeit Kreuzungspunkt wichtiger Fernstraßen, dann jahrhundertelang Teil des Herzogtums Lothringen, blickt auch Dillingen auf eine reichhaltige Geschichte zurück. Der wirtschaftliche Aufstieg des Ortes begann 1685, als der französische König Ludwig XIV. (1638–1715) die Errichtung einer Eisenhütte gewährte. Der Höhepunkt der Industrialisierung war Ende des 19. Jahrhunderts erreicht, als sich aus den ländlichen Gemeinden Dillingen und Pachten eine eigenständige Stadt mit fast 6.000 Einwohnern entwickelt hatte. Der allgemeine Wohlstand spiegelte sich in der Architektur wider, etwa in der Katholischen Pfarrkirche Heilig Sakrament.

Von Weitem könnte man den imposanten Bau wegen seiner Größe für eine mittelalterliche Kathedrale halten, doch die Kirche wurde zwischen 1910 und 1913 errichtet und ist damit neoromanisch, die beiden Türme entstanden in gotischem Stil. Baumeister war der Trierer Architekt Peter Marx (1871–1958), der bereits mehrere Kirchen im Saarland entworfen hatte, etwa in Derlen, Sulzbach oder Lauterbach/Warndt. Der Kirchenbau besteht aus einem Langhaus mit zwei Seitenschiffen, Querschiffen im Osten und Westen sowie einer Apsis im Norden. Mit der Vorhalle ist er 62 Meter lang, der achteckige Vierungsturm ist 33 Meter hoch, die ihn umgebenden Portaltürme haben einschließlich der Turmkreuze eine Höhe von gut 50 Metern. Damit ist diese Dillinger Pfarrkirche für Peter Marx, aber ebenso für das Saarland der größte Sakralbau, und daher wird sie auch Saardom genannt.

Für die Gestaltung der polygonalen Vorhalle, der Turmspitzen, der inneren Wandgliederung der Querschiffe, der Zwerggalerie, verschiedener Reliefs und Figuren oder anderer Gebäudeteile nahm sich der weit gereiste und experimentierfreudige Architekt Kirchen etwa in Salamanca, Trier, Metz, Köln, Gelnhausen oder Laon, Reims und Paris zum Vorbild. Die Vielzahl der mittelalterlichen Architekturzitate ist bemerkenswert, der Saardom wird daher auch als Bildungsarchitektur bezeichnet.

Für den Bau, zu dem die Dillinger Hüttenwerke eine beträchtliche Anschubfinanzierung leisteten, wurde Schiffweiler Sandstein verwendet. Die Grundsteinlegung im Mai 1911 erfolgte durch den Trierer Bischof Michael Felix Korum (1840–1921), der dafür einen Stein aus den antiken Domitilla-Katakomben in Rom verwendete. Die Weihe fand zwei Jahre später statt. Doch die Freude an dem Prachtbau wurde getrübt, als die Gemeinde 1917 gezwungen wurde, fünf Bronzeglocken abzugeben, von denen vier zu Kriegszwecken eingeschmolzen

Wegen ihrer Größe wird die 1913 eingeweihte Katholische Pfarrkirche Heilig Sakrament in Dillingen auch Saardom genannt.

wurden. Die Explosion eines Munitionszuges auf dem Dillinger Bahnhof am Ende des Zweiten Weltkriegs verursachte in der Stadt und insbesondere an der Pfarrkirche große Schäden, die mit einer Instandsetzung bis 1953 behoben wurden.

Die Bildhauerarbeiten der Rekonstruktion übernahm der aus Jünkerath stammende Künstler Günter Maas (1923–2010), die neuen Fenster gestalteten vor allem György Lehoczky (1901–1979), Albert Feld (1916–2010) und Hildegard Immisch (1920–2003). Die erste Orgel von 1914, hergestellt von der renommierten Orgelbaufirma Johannes Klais in Bonn, war eine der größten Orgeln im Bistum Trier. 1944 schwer beschädigt, wurde sie nach provisorischer Instandsetzung 1996 von Klais durch die Orgel aus der Festhalle Gürzenich in Köln ersetzt. Als Ausgleich für die 1917 entwendeten Glocken erhielt die Gemeinde 1924 vier neue Gussstahlglocken, die bis heute erklingen. Nach einer umfangreichen Sanierung des Innenbaus und der Außenfassade zu Beginn des Jahrtausends ist der Saardom ein Schmuckstück in der an sich an Sehenswürdigkeiten armen Stadt Dillingen.

35 Einst Eisenindustrie, heute Weltkulturerbe
Die Völklinger Hütte

Wie die Familie Stumm mit Neunkirchen verbunden ist, so sehr prägte die Familie Röchling die Stadt Völklingen. Bereits im ausgehenden 16. Jahrhundert fand in Geislautern, heute ein Stadtteil von Völklingen, eine Eisenverhüttung und Weiterverarbeitung von Eisen statt. Doch erst 1873, also drei Jahrhunderte später, bildete die Gründung eines Puddel- und Walzwerks, das 1881 der Saarbrücker Unternehmer Carl Röchling (1827–1910) übernahm, die Grundlage für die Industrialisierung der Stadt.

Innerhalb weniger Jahre machte Röchling die Völklinger Hütte zum führenden Eisenwerk des Saarlands. 1883 ging der erste Hochofen in Betrieb, mit dieser stadtbildprägenden Anlage wurde aus Eisenerz flüssiges Roheisen gewonnen. Drei Jahre später wurde in großem Umfang Koks erzeugt. Der Brite Sidney Thomas (1850–1885) hatte ein Verfahren zur Stahl- und Eisenherstellung entwickelt und das nach ihm benannte Thomas-Stahlwerk wurde 1890 in Dienst genommen. Bis zum Ende des Jahrhunderts waren die Röchling'schen Eisen- und Stahlwerke der größte Eisenträgerhersteller im Deutschen Kaiserreich. Um 1900 produzierten die sechs markanten Hochöfen täglich über 5.000 Tonnen Roheisen, in der Zwischenkriegszeit war das große Unternehmen eines der modernsten Hüttenwerke der Welt.

Zu der Neunkircher Hütte und ihren Inhabern gibt es zahlreiche Parallelen. So ließ sich auch der ebenfalls politisch tätige Carl Röchling in Saarbrücken eine repräsentative Villa errichten und auch er gewährte seinen Arbeitern soziale Leistungen, die sonst nicht zu ihrem Alltag gehörten. Sein Sohn und Nachfolger Hermann Röchling (1872–1955) beschäftigte ebenso in Bergwerken, Hütten und Betrieben Tausende Zwangsarbeiter etc. Doch das Besondere der Völklinger Hütte, für die 1965 rund 17.000 Menschen arbeiteten und die 1986 aufgrund der weltweiten Stahlkrise stillgelegt wurde, ist ihr heutiger Stellenwert: Sie gehört zum UNESCO-Weltkulturerbe – wie die ägyptischen Pyramiden, die Chinesische Mauer oder die Porta Nigra in Trier. Diesen selten verliehenen Titel erhielt die Völklinger Hütte 1994 als „weltweit bedeutendes Zeugnis der Industriegeschichte", beeindruckend sei, dass hier „alle Phasen der Roheisenerzeugung am authentischen Ort nachvollziehbar" sind. Das Industriedenkmal wurde als „hervorragendes Beispiel eines technologischen Ensembles" gewertet, das einen „bedeutsamen Abschnitt der Geschichte der Menschheit versinnbildlicht".

Bei einem zwei- bis dreistündigen Rundgang über das rund 600.000 Quadratmeter große ehemalige Werksgelände erhalten Besucher anschauliche Einblicke in die Handwerkergasse, die Sinterhalle, die Erz- und Möllerhalle, die Kokerei, die Gebläsehalle, die Hochofengruppe und die Unternehmensgeschichte sowie

Die Völklinger Hütte, seit 1994 UNESCO-Weltkulturerbe, bietet nicht nur eine spannende Industriegeschichte, sondern regelmäßig anschauliche Wechselausstellungen. Hier ein Blick auf das ehemalige Hochofenbüro.

den harten Alltag der Arbeiter. Von der 27 Meter hohen Gichtbühne, von der einst Koks und Erze in die Hochöfen gefüllt wurden, hat man einen herrlichen Rundblick auf Völklingen und Umgebung. Die 6.000 Quadratmeter große Gebläsehalle erstaunt immer wieder, einerseits wegen ihrer monumentalen Gasmaschinen und imposanten Schwungräder, andererseits wegen der hier seit zwei Jahrzehnten präsentierten Sonderausstellungen.

Zum abwechslungsreichen Themen- und Erlebnispark gehört neben dem Besucherzentrum auch das ScienceCenter Ferrodrom®, das in die Welt von Feuer, Eisen und Stahl entführt. Außerhalb der eindrucksvollen Gebäude wird zudem Kultur für jeden Geschmack geboten, seien es Open-Air-Rockkonzerte oder klassische Konzerte. Das einzigartige Eisenwerk aus der Blütezeit der Hochindustrialisierung ist nicht nur ein außergewöhnliches Zeugnis der europäischen Industrie- und Technikgeschichte, sondern auch eine der ungewöhnlichsten Weltkulturerbestätten überhaupt.

36 Wasser marsch
Der Hindenburgturm in Bexbach

Die wachsende Bevölkerungszahl und die Industrialisierung erforderten eine Modernisierung der Wasserversorgung. So wurde die flächendeckende Trinkwasserversorgung in der Saarregion ab 1900 staatlich gelenkt. Im Zuge dessen wurden Pumpwerke und Hochbehälter als Wasserspeicherreservoire errichtet. Der Hindenburgturm in Bexbach zeugt noch heute von dieser Entwicklung.

Klöster und Schlösser verfügten schon relativ früh jeweils über eine eigene Wasserversorgung. Für das Schloss Saarbrücken etwa ist eine 1545 unter Graf Philipp (1509–1554) angelegte Wasserleitung belegt. Die Bevölkerung auf dem Land dagegen musste für sich und ihre Tiere das Wasser umständlich aus den Dorf- und Hofbrunnen oder aus nahe gelegenen Gewässern holen. In der regen- und flussreichen Saarregion stellte dies selten ein Problem dar. Fortschrittlicher war die Variante, das Wasser mittels Ochsenkarren in Fässern zu transportieren.

Doch die Zunahme der Bevölkerung und die Industrialisierung machten eine professionelle Wasserversorgung erforderlich, die durch genügend Pump-, Zieh- und Laufbrunnen gewährleistet sein musste. Die Glashütten, das Hüttenwesen, die Papierindustrie, Manufakturen oder die zahlreichen Brauereien und schließlich der Eisenbahnbetrieb waren einerseits auf Brauch- bzw. Trinkwasser in ausreichender Menge und Qualität angewiesen. Andererseits sank die Wasserqualität der Saar gerade durch Industrie- und Hausabwässer. Die Erkenntnis, wie bedeutend Hygiene war, und die Angst vor Seuchen führten zu einem Wandel: Die bisherige Wasserentnahme aus Quellen, Bächen und Brunnen wurde umgestellt auf die leitungsgebundene Verteilung des Wassers.

Bereits 1873 nahm Saarbrücken das erste kommunale Wasserwerk an der Saar in Betrieb, es folgten entsprechende Einrichtungen in Neunkirchen (1877), Saarbrücken-Malstatt (1881) oder Spiesermühltal (1900), Ottweiler (1909) und Lauterbach (1910). Mit der staatlich gelenkten flächendeckenden Trinkwasserversorgung ab 1900 gingen auch die Errichtung von Pumpwerken und Hochbehältern als Wasserspeicherreservoire sowie der Bau der Kanalisation einher. Das neue System war eine Herausforderung für Ingenieure wie für die Verwaltung.

Während die Kanalisation aus der Kaiserzeit teilweise noch heute besteht und ihrer Funktion gerecht wird, haben die Hochbehälter längst ausgedient. Ein Beispiel für diese Industriearchitektur besteht jedoch in Bexbach, dort wurde der Wasserturm an der Niederbexbacher Straße zur Wasserversorgung der Bevölkerung 1932 durch Bürgermeister Johann Schappe in Auftrag gegeben, am 27. Mai 1933 fand die Inbetriebnahme statt. Zu Ehren des damaligen Reichspräsidenten Paul von Hindenburg (1847–1934) erhielt der 40 Meter hohe und zehn Meter tiefe Turm den Namen Hindenburgturm. Das aus

Das Wahrzeichen von Bexbach ist der 40 Meter hohe Hindenburgturm, ein ehemaliger Wasserturm, der seit 1994 das Saarländische Bergbaumuseum beherbergt.

Bimsbeton bestehende Bauwerk war als Aussichtsturm konzipiert, es verfügte über eine Plattform und ein Café. Im Inneren wurde ein Heimat- und Grubenmuseum eröffnet, das die Industriegeschichte der Region thematisierte.

Im Zuge der allgemeinen Entmilitarisierung wurden nicht nur Straßen umbenannt, auch der Turm erhielt 1947 einen neuen Namen: Bellevue („schöne Aussicht"). Doch nur kurze Zeit später beschloss der Gemeinderat eine erneute Umbenennung. Statt der französischen Bezeichnung hieß er nun „Museums- und Aussichtsturm". Nachdem das Museum mehr als zehn Jahre in einen Dornröschenschlaf verfallen war, wurde es als Bergbaumuseum am 1. April 1957 neu eröffnet, drei Monate, nachdem das Saarland der Bundesrepublik eingegliedert worden war. Mit diesem Festakt erhielt der Turm seinen ursprünglichen Namen zurück. Seit 1994 bietet das Saarländische Bergbaumuseum Bexbach e.V. mit einer unterirdischen Schaubergwerksanlage einen lebendigen Einblick in den traditionsreichen Bergbau des Landes. Nach dieser lehrreichen Geschichtsstunde kann man bequem mit dem Aufzug zur verglasten Aussichtsplattform fahren und dort bei klarer Sicht einen schönen Rundblick auf die Vogesen und die Rheinebene genießen.

37 Höchster Aussichtsturm im Saarland
Der Schaumbergturm bei Theley

Im Saarland hat nicht nur jeder Turm eine eigene Geschichte, sondern auch eine „Vorgeschichte", so wie der Schaumbergturm bei Theley, einem Ortsteil der Gemeinde Tholey. Der Schaumberg mit seinen rund 570 Metern ist eine von Weitem sichtbare Erhebung im Landkreis St. Wendel, in tiefer Vergangenheit Siedlungsgebiet der Kelten und Römer. Bereits um 1890 wurde auf seinem Plateau ein einfacher, 20 Meter hoher Aussichtsturm errichtet.

Nach dem Verfall dieser ersten Holzkonstruktion initiierten national gesinnte Bürger den Bau eines Turms zu Ehren des seit 1888 regierenden Kaisers Wilhelm II. (1859–1941) als „Wahrzeichen deutscher Vaterlandsliebe und deutscher Kaisertreue". Die Grundsteinlegung fand am 28. Juni 1914 statt. Dieser Tag ging mit dem „Attentat von Sarajewo" in die Weltgeschichte ein, das letztlich Auslöser des Ersten Weltkriegs war. Bedingt durch den Krieg, blieb es bei der fünf Meter hohen Eingangshalle. Erst 1930 wurde der Turm, nun unterstützt von der katholischen Kirche des Saargebiets, vollendet.

Das neue Bauwerk im Stil der Neoromanik stammte von Moritz Gombert (1874–1954), der bereits mehrere Kirchen in der Saarregion entworfen hatte. Der fast 37 Meter hohe monumentale Turm galt der Aussicht, zugleich befand sich darin eine Kapelle im gotischen Stil, in der eine Gedächtnisstätte für die Gefallenen des Ersten Weltkriegs untergebracht war. Im Zweiten Weltkrieg unbeschädigt, führten Baumängel 1966 zur Schließung des Turms und damit auch zu einer neuen Idee: Auf dem Schaumberg sollte eine deutsch-französische Begegnungsstätte entstehen, unterstützt von Institutionen beider Länder. An dem Wettbewerb beteiligten sich mehr als 100 Architekten, ein erster Preis wurde ausgelobt, doch wegen der nicht gesicherten Finanzierung entfiel die Verwirklichung des länderübergreifenden Projekts.

Stattdessen wurde der alte Turm im Jahr 1972 bis auf eine Höhe von 13 Metern abgetragen, der Rest in einen neuen Bau integriert und das Kruzifix der Gedächtniskapelle an der A 1 bei Sotzweiler aufgestellt. Der neue, nun 35 Meter hohe Aussichtsturm wurde im September 1976 durch den saarländischen Ministerpräsidenten Franz-Josef Röder (1909–1979) als „Stätte der deutsch-französischen Freundschaft und Mahnmal für den Frieden zwischen den Völkern" eröffnet. Im Erdgeschoss gemahnt eine Kapelle der deutschen und französischen Opfer der Weltkriege und des Deutsch-Französischen Krieges 1870/71.

Seit den 2013 beendeten Umbaumaßnahmen verfügt der Aussichtsturm neben einem Aufzug auch über ein angebautes Treppenhaus mit 202 Stufen. Die oberste Aussichtsplattform ermöglicht einen traumhaften Rundblick. Der

Einen grandiosen Rundumblick bietet der Schaumbergturm bei Theley, höchster Aussichtsturm des Landes.

Schaumbergturm ist nicht nur beliebtes Ausflugsziel, sondern er dient auch als Sendeanlage; mit den Antennen hat er eine Gesamthöhe von 52 Metern. Bei klarer Sicht reicht der Blick im Norden bis zum Hunsrück, im Süden bis nach Saarbrücken, im Osten zum Pfälzerwald und im Westen bis in den Saargau.

Wo einst in patriotischer Absicht ein Turm zu Ehren des im fernen Berlin regierenden deutschen Kaisers errichtet wurde, steht heute in beeindruckender Landschaft eine Begegnungsstätte der so nahe liegenden und erfreulich lebendigen deutsch-französischen Beziehungen.

38 Expressionismus in St. Ingbert
Der Beckerturm

Je nach Standort des Besuchers ist das Wahrzeichen der Stadt St. Ingbert mal mehr, mal weniger gut, mal gar nicht zu sehen: ein in die Jahre gekommenes Gebäude mit dem profanen Namen Beckerturm. Um es gleich zu sagen: Namensgeber ist weder die saarländische Kultfigur Heinz Becker, also der 1949 in Bexbach geborene Kabarettist Gerd Dudenhöffer, noch der 1960 in Homburg geborene bekannte und beliebte Podologe Claus-Peter Becker.

Bei seiner Vollendung 1931 war der 42 Meter hohe und neungeschossige Beton-Turm an der Kaiserstraße, im Stil der Neuen Sachlichkeit errichtet, eine architektonische Besonderheit. Die Pläne für den expressionistischen Zweckbau stammten von dem Stuttgarter Architekten Hans Herkommer (1887–1956), der mit seinem außergewöhnlichen Werk einen städtebaulichen Akzent in dieser vom Steinkohleabbau geprägten Gegend setzen wollte. Auftraggeber und damit Namensgeber war die 1877 gegründete Brauerei Gebrüder Becker, die um 1900 zu den führenden Brauereien in der damaligen Rheinpfalz gehörte. Hervorgegangen war sie aus der Konkursmasse der Brauerei Groß, die für die Brüder Friedrich, Georg und Karl Becker zum Grundstock ihrer eigenen Brauerei geworden war.

Im Turm waren die verschiedenen Stufen des Produktionsprozesses untergebracht, in seinem obersten Stockwerk durften im „Braustübel" die hier hergestellten Köstlichkeiten wie „Becker's Pils" probiert werden. Der Bau des imposanten Sudhauses war für das Unternehmen Ausdruck wirtschaftlichen Wohlstands. Während der Besetzung des Saargebiets durch Frankreich konnten die Absatzmärkte, zu denen nun auch die französischen Kolonien zählten, erweitert werden. Diese Entwicklung wiederholte sich in der Nachkriegszeit, sodass die Brauerei mit Übernahme der „Donnerbrauerei" Saarlouis (1954) und der traditionsreichen „Brauerei Paqué" St. Wendel (1967) expandierte und die heimische Konkurrenz ausschaltete.

Doch von dem Konzentrations- und Verdrängungsprozess der 1980er-Jahre blieb auch die mittelständische Becker Brauerei nicht verschont; 1989 wurde sie von der in Homburg ansässigen Karlsberg Brauerei übernommen. Bis zur Standortverlagerung nach Homburg 1997 lief die Produktion in St. Ingbert weiter. Immerhin erinnert das noch heute in Homburg hergestellte „Becker's Pils" und die Gambrinus-Figur an der Auffahrt zum Beckerturm an eine mehr als 100-jährige Brautradition an dem saarländischen Rohrbach.

Der 55 Meter hohe Schornstein auf dem Brauereigelände, der jahrzehntelang als bemerkenswertes Industriedenkmal in den Himmel ragte, wurde erst 2013 gesprengt, aus Sicherheitsgründen. Zum Ensemble

Der Beckerturm, das Wahrzeichen von St. Ingbert, erinnert an die Brautradition der Stadt. In dem bemerkenswerten Industriedenkmal befindet sich seit 2002 das Saarländische Karnevalsmuseum.

der ehemaligen Brauerei gehört auch das Wohnhaus der Familie Becker, ein stattlicher Bau der Gründerzeit. Seit 1997 wird das einstige Brauereigelände als Gewerbe- und Dienstleistungsgebiet (Innovations- und Technologiepark St. Ingbert) genutzt. Der denkmalgeschützte Beckerturm ist weiterhin belebt und beliebt. Er bietet regionalen Künstlerinnen und Künstlern verschiedenster Kunstrichtungen eine Heimat und Ausstellungsmöglichkeiten („Kunst im Turm") und beherbergt seit 2002 das Saarländische Karnevalsmuseum. Dieses zeigt auf 300 Quadratmetern mit den unterschiedlichsten närrischen Exponaten, dass der „fünften Jahreszeit" nicht nur am Rhein gehuldigt wird, sondern auch an Saar und Blies.

39 „Deutsch ist die Saar“ Das Saargebiet 1920 bis 1935

Den Ersten Weltkrieg hatten letztlich alle Beteiligten verloren, dafür verantwortlich gemacht wurde jedoch das Deutsche Reich. Die militärische Niederlage des Landes hatte umfassende Auswirkungen auf die Politik und Gesellschaft Deutschlands, das seit November 1918 keine Monarchie mehr, sondern eine Republik war. Das Saargebiet wurde zunächst für 15 Jahre dem Völkerbund unterstellt.

Die Könige Preußens und Bayerns, bislang die obersten Repräsentanten der meisten Saarbewohner, hatten abgedankt. In ganz Deutschland galt die Demokratie. Ende November 1918 marschierten die französischen Besatzungstruppen in den deutschen Südwesten ein und beendeten revolutionäre Bestrebungen, die französische Militärverwaltung hatte hier für rund ein Jahr das Sagen. Laut Versailler Vertrag, den das Deutsche Reich im Juni 1919 mit den alliierten Siegermächten schloss und der im Januar 1920 in Kraft trat, sollte das Saargebiet, auch Saarbeckengebiet genannt, für 15 Jahre als Mandatsgebiet dem neu geschaffenen Völkerbund unterstellt werden. Frankreich erhielt die Steinkohlegruben zur alleinigen Verfügung, dies galt als Wiedergutmachungsmaßnahme für die durch Deutschland erlittenen Kriegsschäden.

Das neu errichtete Saargebiet war nicht ganz 2.000 Quadratkilometer groß (entsprach also nicht ganz der Fläche des heutigen Saarlands) und hatte etwa 770.000 Einwohner. Die ab 1920 tätige Regierungskommission des Saargebiets bestand aus einem Franzosen, einem aus dem Saargebiet stammenden Nicht-Franzosen und drei Vertretern anderer Nationen (ein Repräsentant Deutschlands war nicht vorgesehen). Da das Saargebiet wirtschaftlich zu Frankreich gehörte, galt hier (ab 1923) auch der französische Franc als alleiniges Zahlungsmittel.

Umstritten war der „Kampf um die Schulen“. In Artikel 50 des Versailler Vertrages hieß es u.a.: „Der französische Staat kann jederzeit als Nebenanlagen der Gruben Volksschulen und technische Schulen gründen und unterhalten und den Unterricht darin in französischer Sprache nach einem von ihm festgesetzten Lehrplan durch von ihm ausgewählte Lehrer erteilen lassen.“ Ab 1920 wurden 24 „Franzosenschulen“ eröffnet (u.a. in Dillingen, Püttlingen, Schiffweiler, Sulzbach, Völklingen), doch mit wenig Erfolg, da die meisten deutschen Kinder weiterhin auf die bereits vorhandenen Volksschulen gingen.

Der Vertrag sah von vornherein eine Volksabstimmung nach 15 Jahren über drei Punkte vor: a) Beibehaltung der durch den Vertrag geschaffenen Rechtsordnung, b) Vereinigung mit Frankreich oder c) Vereinigung mit Deutschland. Die Präsenz französischer Kolonialtruppen führte mehrfach zu politischen Unruhen, zu Streiks der Bergleute und Beamten, sodass alle Parteien, auch die 1922 in Saarbrücken

Kein Bundesland blickt auf eine so wechselvolle Geschichte zurück wie das Saarland; dieser Gedenkteller entstand anlässlich der Rückgliederung des Landes an Deutschland 1935.

gegründete Ortsgruppe der NSDAP, Werbung für eine pro-deutsche Abstimmung machten. In diesem Zusammenhang wurde das Lied „Deutsch ist die Saar“ sehr populär. Die Volksabstimmung fand am 13. Januar 1935 statt, dabei votierten rund 90 Prozent der Wahlberechtigten für die Rückkehr nach Deutschland. Zum 1. März endete das Völkerbundmandat, das Saargebiet wurde als Saarland ins deutsche Zoll- und Währungsgebiet aufgenommen und erhielt mit dem NSDAP-Politiker Josef Bürkel (1895–1944) einen Reichskommissar.

In der nationalsozialistischen Propaganda war die Volksabstimmung als Teil der „Heim-ins-Reich-Politik“ instrumentalisiert worden. Anlässlich der Befragung erschienen besondere Briefmarken, Medaillen und Gedenkteller, 1935 wurde darüber hinaus der „Reichssender Saarbrücken“ gegründet.

40 Vom Westwall zum Museum
Das Panzerwerk bei Besseringen

Etwas abseits der L 174 bei Besseringen, zwischen Merzig und Mettlach, liegt ein außergewöhnliches Museum, das an die verheerenden Folgen des nationalsozialistischen Größenwahns erinnert. Bei dem Bauwerk handelt es sich um das einzige komplett erhaltene Panzerwerk der Ausbaustärke „B" des Westwalls, das als Zeugnis des modernen Festungsbaus bereits 1980 unter Denkmalschutz gestellt wurde und das vom Verein für Heimatkunde Merzig betreut wird.

Der Westwall, von dem in Besseringen Überbleibsel zu sehen sind, war ein rund 630 Kilometer langes und 3,5 Mrd. Reichsmark teures Bauwerk. Es sollte im Zweiten Weltkrieg als Verteidigungslinie im Westen Deutschlands dienen. Von den Westalliierten auch Siegfried-Linie genannt, erstreckte er sich von Weil am Rhein entlang der Südpfalz, des Saarlands und der Eifel bis zur niederländischen Grenze. Bereits 1936 geplant, wurde das Verteidigungssystem aus Panzersperren, Minenfeldern, Bunkern, Gräben und Stollen zwischen 1938 und 1940 errichtet und von mehr als tausend privaten Bauunternehmen ausgeführt, hauptsächlich aber durch die „Organisation Todt". Diese Bautruppe, benannt nach Fritz Todt (1891–1942), damals Generalinspekteur für das Straßenwesen, war bereits im Autobahnbau tätig, ebenso beim Bau von Luftschutzanlagen. Eingesetzt waren auch Tausende junger Männer, die sechs Monate im Reichsarbeitsdienst (RAD) absolvieren mussten. Insgesamt waren am Bau bis zu einer halben Million Menschen beteiligt.

Einquartiert waren die Männer in Schulen, Turnhallen, Baracken und bei Privatleuten. Arbeiter, die sich besonders hervortaten, wurden mit dem Westwall-Orden ausgezeichnet, im Volksmund wurde er „Lehmorden" genannt. In der nationalsozialistischen Propaganda wurde der Bau als notwendiger Schutzwall gegenüber Frankreich und England dargestellt, tatsächlich war er eine Antwort auf die ab 1930 errichtete Maginot-Linie entlang der französischen Grenze zu Italien, Deutschland, Luxemburg und Belgien.

Auch das Saargebiet war Teil der gigantischen Befestigungsanlage. An keinem Abschnitt war der Westwall so stark ausgebaut wie hier. Mehr als 4.100 Bunker, 340 Minenfelder, 100 Kilometer Panzergräben und 60 Kilometer Höckerlinien und damit ein Viertel aller Westwallbauwerke wurden südlich von Blieskastel, St. Ingbert, Saarbrücken, Dillingen, bei Merzig und Mettlach errichtet. Für den Bau wurden rund 8.000 Grundstücke überwiegend entschädigungslos enteignet, Ackerland und Obstbaumwiesen zerstört, sogar markante Bauwerke gesprengt: der Alexanderturm auf dem Großen Kahlenberg, der Hindenburgturm bei Berus, das Winterbergdenkmal, jahrzehntelang Wahrzeichen Saarbrückens, sogar der

Das ehemalige Panzerwerk bei Besseringen zwischen Merzig und Mettlach dient längst zivilen Zwecken, nämlich als anschauliches Heimatmuseum.

Kirchturm der Pfarrkirche St. Johannes in Borg westlich von Mettlach.

Eine bis zu 20 Meter breite Höckerlinie bestand aus Reihen mit Stahlbeton-Höckern, die das Vordringen französischer Panzer auf das Reichsgebiet verhindern sollten. Sie ist stellenweise noch heute erkennbar. Außer wie hier in Besseringen, wo das Panzerwerk seit 2005 als Museum der Stadt Merzig zugänglich ist, haben sich weitere Bunker des Westwalls erhalten, so auf dem Litermont, in Blieskastel, Haustadt, um Nohfelden-Eisen, in Saarlouis-Roden oder Sinz bei Perl. Insgesamt gab es 32 solch massiver Anlagen, in denen bis zu 90 Soldaten untergebracht waren.

Über drei Stockwerke verteilt, standen Führungsräume, Waffenstände, Munitionsraum, Maschinenraum, Küche, Sanitätsraum, Toiletten- und Waschraum sowie Bereitschafts- und Ruheräume, insgesamt 44 Räume, zur Verfügung. Begehbar sind in dieser Anlage das erste und zweite Stockwerk. Zu sehen ist eine anschauliche Dokumentation über die Kämpfe in diesem Gebiet, zudem wird an das Leid der Zivilbevölkerung erinnert und Widerstandsgruppen werden vorgestellt.

Nach der Einnahme Frankreichs durch die Wehrmacht (Juni 1940) spielte der Westwall militärisch keine Rolle mehr, erst mit dem Vordringen der Alliierten ab Ende 1944 wurde das Verteidigungssystem reaktiviert. Laut NS-Propaganda galt der Westwall als „unüberwindlich“. Doch für die US-Panzerdivision, die im Februar 1945 den „Orscholzriegel“ durchbrach, war er kein Hindernis, die Pioniere sprengten Lücken in die Linie, sodass die Panzer Richtung Westen vorrücken konnten.

Heute wirken die Höcker und Bunker wie aus der Zeit gefallen, längst haben sich Moose und Flechten ihrer bemächtigt. Die noch sichtbaren Reste des Westwalls stehen unter Denkmalschutz, Flora und Fauna können sich hier ungestört ausbreiten, Fledermäuse, Eidechsen oder Wildkatzen schätzen die verlassenen und nun ökologisch bedeutsamen Bunker als Rückzugsgebiet.

41 Europas größte Buntsandsteinhöhlen
Die Schlossberghöhlen Homburg

Bad Homburg vor der Höhe bei Frankfurt/M. mag wegen seines Heilbades, seiner Villenviertel und vor allem wegen seiner Spielbank bekannter sein, doch wie bereits gesehen, steckt auch das saarländische Homburg voller Überraschungen. Eine Sehenswürdigkeit sind hier die Schlossberghöhlen.

Die Bezeichnung deutet auf das einst über dem Berg gelegene Schloss bzw. dessen Vorgängerbauten hin. Die Hohenburg, auch Burg Homburg genannt, war im Hochmittelalter Sitz der Grafen von Homburg. Nachdem sie Mitte des 15. Jahrhunderts an die Grafen von Nassau-Saarbrücken übergegangen war, errichteten die neuen Eigentümer rund 100 Jahre später ein Renaissanceschloss, das schließlich in eine Festung umgebaut wurde. Um 1780 wiederum ließ hier Karl II. August von Pfalz-Zweibrücken (1746–1795) sein Barockschloss Karlsberg bauen.

Bei den außergewöhnlichen Schlossberghöhlen unterhalb der heutigen Ruine der Anlage handelt es sich um die größten Buntsandsteinhöhlen Europas. Von Menschenhand wurden sie zwischen dem 11. und 17. Jahrhundert geschaffen, daher ist die Bezeichnung Bergwerk angemessener. Sie erstrecken sich über zwölf Etagen, nehmen eine Länge von 140 Metern und eine Breite von 60 Metern ein. Im Hochmittelalter dienten die Höhlen Verteidigungszwecken und als Magazin für die darüber liegende Burg. Auch in späteren Zeiten ließen sich in dem unterirdischen Labyrinth Lebensmittel oder Munition lagern, gut versteckt vor einem potenziellen Feind. Bei Gefahr fungierte es ebenso als Rückzugsgebiet.

Gewonnen wurde der Raum durch den Abbau des weichen gelben Buntsandsteins, der als kostbarer Rohstoff gehandelt wurde. Die Rotfärbung des Gesteins liegt an dessen Eisengehalt. Wegen seines sehr hohen Quarzanteils war der Buntsandstein für die Glasherstellung geeignet, verwendet wurde er später auch als Putz- und Scheuersand („Silbersand") für Reinigungszwecke oder als Formsand für die in der Saarregion ansässige Eisenindustrie. 1671 erstmals erwähnt, war der Abbau bis zur Mitte des 19. Jahrhunderts erloschen, 1872 wurden die Höhlen zugeschüttet, sie gerieten in Vergessenheit. Spielende Kinder entdeckten sie 1932 wieder. Ab 1935 nahm sich der Reichsluftschutzbund der imposanten Kuppelhallen an und baute sie zum Luftschutzbunker aus; gegen Ende des Zweiten Weltkriegs überlebten hier viele Bewohner Homburgs die alliierten Bombenangriffe auf ihre Stadt.

Eine ähnliche Funktion übernahmen die Höhlen in den 1950er-Jahren: Unter Johannes Hoffmann (1890–1967), dem ersten Ministerpräsidenten des Saarlands, wurden die neun unteren Stockwerke der Anlage als Bunker für die damalige Regierung im Falle eines Atomkriegs ausgebaut. Parallel dazu und nicht zuletzt, um das Bunkerprojekt

Ein Faszinosum sind die Schlossberghöhlen oberhalb Homburgs; sie sind Europas größte Buntsandsteinhöhlen und können besichtigt werden.

geheim zu halten, entstand das darüber liegende „Sporthotel" (heute Schlossberghotel).

Nach umfangreicher Instandsetzung zu Beginn des Jahrtausends können die drei oberen Etagen der Schlossberghöhlen auf einer Länge von 800 Metern und bei einer konstanten Temperatur von 10 Grad Celsius besichtigt werden. Das vom historischen Marktplatz über 250 Stufen erreichbare Besucherbergwerk ist eine weitere Attraktion der 42.000 Einwohner großen Stadt, die Jahr für Jahr Tausende Touristen anzieht.

42 Die Nazizeit überstanden
Der Jüdische Friedhof Homburg

Die jüdischen Gemeinden am Rhein, insbesondere in den Städten Worms, Speyer und Mainz, haben eine jahrhundertealte Tradition, das trifft auf die Juden in der Saarregion nicht zu. Im Fürstentum Nassau-Saarbrücken durften sich Juden erst unter der Herrschaft Fürst Ludwigs (1745–1794) ansiedeln.

Wie damals allgemein üblich, waren Juden in ihrer Berufsausübung sehr eingeschränkt, ihnen blieb vor allem der Handel. Ludwigs ursprünglich wohlwollende Politik gegenüber Juden währte nicht lange, der heimischen Kaufleute wegen wurden sie wieder des Landes verwiesen. So bedrückend die französische Besatzung ab Ende des 18. Jahrhunderts für viele auch war, so verwirklichte das Gedankengut der Französischen Revolution, erst recht die Einführung des Zivilrechts (Code civil) 1804 unter Napoleon, doch auch Grundsätze wie Recht, Gleichheit und Freiheit. Juden durften sich wieder niederlassen, bis zur Mitte des 19. Jahrhunderts waren sie weitgehend gleichgestellt und Teil der Gesellschaft. Sie unterhielten Kaufhäuser, wirkten als Händler, Ärzte, Anwälte oder Bankiers, auch der einfache Militärdienst stand ihnen offen.

Angesichts dieses geschichtlichen Hintergrunds wundert es nicht, dass die meisten Judenfriedhöfe im heutigen Saarland recht spät angelegt wurden. Eine Ausnahme ist der ab 1690 belegte Friedhof in Blieskastel, das damals zur Herrschaft der Reichsfreiherren von der Leyen gehörte. Auf dieser Begräbnisstätte wurden auch die Juden aus Homburg, Zweibrücken, St. Ingbert, Gersheim, Medelsheim und Webenheim bestattet. Noch älter ist sogar der 1650 angelegte jüdische Friedhof in Sötern/Nohfelden, der mit seinerzeit rund 200 Grabsteinen zu den größten Judenfriedhöfen der Region gehörte; der älteste noch vorhandene Stein stammt aus dem Jahr 1748. Die meisten der 16 jüdischen Begräbnisplätze im heutigen Saarland wurden erst Mitte, Ende des 18. Jahrhunderts errichtet (Saarwellingen 1725; Illingen 1747; Merzig um 1770; Tholey um 1800) oder in der ersten Hälfte des 19. Jahrhunderts (Neunkirchen 1831; Saarbrücken 1841; Ottweiler 1842). Der 1755 angelegte und mit einst 400 Grabsteinen besetzte Friedhof in Dillingen gilt als größter jüdischer Friedhof im heutigen Saarland. Im Laufe der Zeit wurden die Friedhöfe erweitert, fast alle wurden 1938 im Umfeld der nationalsozialistischen Pogromnacht verwüstet. Zerstört wurden ebenso die Wohn- und Geschäftshäuser der jüdischen Mitbürger, von denen viele in den folgenden Jahren deportiert wurden. Beschädigt oder gar völlig in Brand gesetzt wurden die Synagogen in Dillingen, Homburg und Merzig, Neunkirchen, Saarbrücken und Saarlouis.

Während die Friedhöfe wiederhergestellt wurden, wurden die Ruinen der Synagogen abgetragen, an ihrer Stelle erinnert nur noch ein Gedenkstein oder eine Gedenktafel an das jüdische Leben

Der Jüdische Friedhof Homburg mit seinen 190 Grabsteinen hat die NS-Zeit unbeschadet überlebt und ist daher ein besonderer Gedenkort.

in der jeweiligen Gemeinde, so etwa in Dillingen, wo am 9. November 2003 ein Stein aufgestellt wurde. Insgesamt bestanden 26 Bethäuser und Synagogen, heute dagegen steht mit der 1951 eingeweihten Synagoge in Saarbrücken nur noch ein jüdisches Gotteshaus im Saarland.

Der jüdische Friedhof in Homburg stellt eine Ausnahme dar: 1822 erwarb die jüdische Gemeinde Homburgs unterhalb des Schlossbergs ein eigenes Hanggrundstück, das ab 1824 belegt ist und das zweimal erweitert wurde. Während die ältesten Grabsteine nur eine hebräische Inschrift aufweisen, befindet sich auf den ab der Gründerzeit errichteten Denksteinen zusätzlich auf der Rückseite auch eine deutsche Inschrift, was als Zeichen der völligen Emanzipation gewertet werden kann. Insgesamt stehen hier 190 Grabsteine unterschiedlicher Form und aus verschiedenen Materialien, überwiegend jedoch aus Sandstein. Diese Anlage wurde als einziger jüdischer Friedhof im heutigen Saarland in der Nazizeit nicht geschändet, er hat seit 1918 seine Gestalt bewahrt und ist ein idyllisch-beschaulicher Ort des Gedenkens.

43 Vom Saarstaat zum Bundesland
Das Saarland nach 1945

Manchmal wiederholt sich Geschichte, gleichwohl sie sich nicht gleicht. – Wie schon zuvor hatte das Saarland auch nach dem Zweiten Weltkrieg eine Sonderstellung inne. Dem Wunsch Frankreichs, das linksrheinische Deutschland zu annektieren, entsprachen die Alliierten zwar nicht, doch erhielt es, nachträglich in den Kreis der Siegermächte aufgenommen, ab Juli 1945 im Südwesten Deutschlands eine eigene Besatzungszone.

Erster Militärgouverneur des Saarlands war General Gilbert Grandval (1904–1981), der dann ab 1948 Hoher Kommissar und von 1952 bis 1955 Botschafter Frankreichs in Saarbrücken und dort zuständig für den Wiederaufbau der Kohle- und Stahlindustrie war. Im Oktober 1946 gliederte er das Saarland aus der Besatzungszone aus und unterstellte es einer eigenen Behörde. Nach der ersten Landtagswahl trat im Dezember 1947 eine neue Verfassung in Kraft, der zufolge das Saarland dem französischen Wirtschaftsgebiet angehören, ansonsten aber unabhängig sein sollte. Die Autonomie des Landes wurde durch eine eigene Staatsangehörigkeit unterstrichen, durch ein eigenes Landeswappen sowie eine eigene Flagge und Hymne. Als Teil des französischen Zoll- und Wirtschaftsgebietes hatte das Saarland eine eigene Währung, den französischen Franc, der die kurzzeitig gültige Saarmark ablöste.

Chef der Landesregierung war Johannes Hoffmann (1890–1967), doch eine eigenständige Politik konnte sein Kabinett nicht betreiben: Das Land war in jeder Hinsicht abhängig von Frankreich, vor allem in den Bereichen Außen- und Verteidigungspolitik sowie Justiz. Nach außen demonstriert wurde die Eigenständigkeit im August 1950, als das Saarland als assoziiertes Mitglied dem Europarat beitrat, und 1952, als es mit einem eigenen Team an den Olympischen Sommerspielen in Helsinki teilnahm. Die im Mai 1949 gegründete Bundesrepublik Deutschland versagte dem Land jedoch die internationale Anerkennung.

Die völkerrechtlich ungeklärte Lage des Saarlands führte zudem zur Belastung der deutsch-französischen Beziehungen, die mit dem Saarstatut beseitigt werden sollte. Diese im Oktober 1954 in Paris von Bundeskanzler Konrad Adenauer (1876–1967) und dem französischen Ministerpräsidenten Pierre Mendès France (1907–1982) getroffene Regelung sah ein autonomes Saarland mit eigener Regierung, aber engen wirtschaftlichen Beziehungen zu Frankreich vor. Adenauer, dem die Versöhnung mit dem einstigen Erbfeind ein Herzensanliegen war, hätte das Saarland als Teil Deutschlands geopfert. Nach seiner Rückkehr aus Paris sagte er: „Wir hatten Sorge dafür zu tragen, dass das Verhältnis zwischen Deutschland und Frankreich so geordnet wird, dass diese beiden Völker im Herzen Europas wirtschaftlich und politisch nie

Anlässlich des Beitritts des Saarlandes zur Bundesrepublik 1957 erschien eine 10-Pfennig-Sonderbriefmarke der Deutschen Bundespost.

mehr zu Gegnern werden können." Auch Johannes Hoffmann war ein Befürworter der bestehenden Autonomie und der Wirtschaftsunion mit dem Nachbarland, doch die Vereinbarungen sahen eine Zustimmung der Bevölkerung zum Saarstatut vor. Nach einem erbitterten Wahlkampf entschieden sich am 23. Oktober 1955 fast 68 Prozent der Saarländer gegen das Statut. Hoffmanns Idee einer Europäisierung des Landes mit Ansiedlung europäischer Institutionen (wie der Montanunionsbehörde) in Saarbrücken war gescheitert.

Im Saarvertrag vom 27. Oktober 1956 einigten sich Frankreich und Deutschland auf den Beitritt des Landes zur Bundesrepublik; damit wurde das Saarland ab dem 1. Januar 1957 ein Bundesland der Bundesrepublik, Institutionen wie die Eisenbahnen des Saarlands oder die saarländische Post wurden Teil der entsprechenden Bundesbehörden. Der Beitritt zum Wirtschaftsgebiet erfolgte erst Mitte 1959, von da an war die Deutsche Mark (DM) alleiniges Zahlungsmittel. Damit entfielen die zahlreichen Zollschranken und die Bedeutung der Zollbahnhöfe an der Grenze zwischen dem Saarland und Rheinland-Pfalz. Heute gilt das Saarland als „europäischstes" Bundesland, die vielfältigen deutsch-französischen Beziehungen sind hier seit Jahrzehnten gelebte Wirklichkeit.

44 Hauptstadt eines kleinen Landes
Großartiges Saarbrücken

Wie das Bundesland, so ist auch seine Hauptstadt mit dem anschaulichen Namen nach dem Fluss benannt und bedeutet: eine Brücke über die Saar. Saarbrücken liegt geografisch gesehen zwar nicht in der Mitte des Landes, sondern im Süden, an der Grenze zu Frankreich, doch die Stadt ist das politische, wirtschaftliche und kulturelle Zentrum des Saarlands.

Saarbrücken hat rund 180.000 Einwohner, und damit lebt fast jeder fünfte Saarländer in der Hauptstadt, die mit Potsdam und Schwerin zu den einwohnerschwächsten Hauptstädten eines Bundeslandes zählt. Als Großstadt hervorgegangen ist die Stadt 1909, als sich Alt-Saarbrücken, das ehemalige Fischerdorf St. Johann (beide Orte hatten schon 1321 das Stadtrecht erhalten) und Burbach-Malstatt zusammenschlossen. Der Schatz der Stadt liegt in seiner Geschichte und seinen Sehenswürdigkeiten. Auch hier hatten einst die Römer gesiedelt, wie Funde im Stadtteil St. Arnual belegen; die Inschrift auf einem Meilenstein lautet „Vicus Saravus", das bedeutet Saarort. Die Franken waren ab Anfang des 7. Jahrhunderts ansässig, im späten Karolingerreich war die Region Teil des von Kaiser Lothar (795–855) regierten Mittelreichs, das später nach ihm Loth(a)ringen genannt wurde.

Otto III. (980–1002), als Dreijähriger zum römisch-deutschen König gewählt, spielt ebenfalls eine Rolle für die Vorgeschichte der Stadt: Von ihm ist eine Urkunde aus dem Jahr 999 erhalten, in der er dem Metzer Bischof Adalbero II. (um 958–1005) die Burg „castellum Sarabrucca" schenkt. Von dieser Burg aus verwalteten ab Ende des 11. Jahrhunderts die Saargaugrafen, die späteren Grafen von Saarbrücken (bzw. Nassau-Saarbrücken), die reich bewaldete Region.

Immer wieder wurde Saarbrücken ein Opfer der Konflikte zwischen Frankreich und dem Heiligen Römischen Reich Deutscher Nation und daher mehrfach zerstört. Einen nachhaltigen wirtschaftlichen und kulturellen Aufschwung erlebte der Ort erst unter der Herrschaft des Fürsten Wilhelm Heinrich von Nassau-Saarbrücken (1718–1768), der die Verwaltung und Justiz reformierte und durch die Verpachtung der verstaatlichten Eisenhütten die Grundlagen für die Industrialisierung des 19. Jahrhunderts schuf. Auch ließ er Saarbrücken zur barocken Residenzstadt ausbauen. Nach den Plänen des Baumeisters Friedrich Joachim Stengel (1694–1787) entstanden das Schloss, die Querkirche (heutige Friedenskirche), die Basilika St. Johann und die Ludwigskirche – Wahrzeichen der Stadt. Nach der Besetzung durch französische Truppen Ende des 18. Jahrhunderts und Beschädigung des barocken Stadtbilds kam Saarbrücken 1815 unter preußische Regierung (bis 1918).

Infolge des Versailler Vertrags wurde die Großstadt Hauptstadt des Saargebiets, das damals vom Völkerbund verwaltet wurde. Fünf Jahre war es wieder Teil des Deutschen Reiches, da wurde Saarbrücken

Die vielseitige Innenstadt von Saarbrücken mit ihrem französischen Flair ist Anziehungspunkt für Gäste aus nah und fern. Blick auf die 1758 geweihte Basilika St. Johann.

1940 NSDAP-Gauhauptstadt: Von hier aus verwaltete der Reichsstatthalter in der Westmark das Saarland und die Pfalz. Ab Oktober 1944 wurde die Stadt an der Saar mehrfach durch die amerikanische und britische Luftwaffe angegriffen; bei Kriegsende im März 1945 war die Innenstadt zu 90 Prozent zerstört. Der Neuanfang fand im gesamten Saargebiet unter französischer Militärregierung statt. 1947 wurde Saarbrücken Hauptstadt des autonomen Staats, zehn Jahre später des neu gegründeten Bundeslandes Saarland.

Überregional bekannt ist die selbstbewusste Stadt für ihre 1948 gegründete Universität, das breit aufgestellte Staatstheater und ihr beachtenswertes Saarlandmuseum. Von Gästen geschätzt wird das französische Flair, von Einheimischen die hohe Lebensqualität, die die Innenstadt zu bieten hat – dafür sorgen zahlreiche Grünanlagen wie der Deutsch-Französische Garten oder die Promenade an der Saar, die abwechslungsreichen Feste und die vielen Kneipen, Bars, Cafés, Restaurants für jeden Geschmack und Geldbeutel. Selbst der bekannte Gastronomiekritiker Wolfram Siebeck (1928–2016) war erstaunt über „so viele gute Restaurants in einem so kleinen Land".

45 Von der Veste zum Rathaus
Das Schloss Saarwellingen

In manchen Ortschroniken steckt so viel komplizierte Geschichte, dass man sie mehrmals lesen muss. Das trifft auch auf die Gemeinde Saarwellingen mit ihrer reichhaltigen Geschichte zu, die im Laufe ihres Bestehens verschiedenen Herrschaften angehörte. Die wechselvollen Zeiten überdauert hat das barocke Schloss.

Erstmals urkundlich überliefert wurde der Ort als Wellingen Mitte des 10. Jahrhunderts. Die Historie davor ähnelt der anderer saarländischer Gemeinden; auch hier siedelten die Kelten, die Römer, die Franken. Unübersichtlich wird die Situation im Hochmittelalter, da der Ort mehreren Herren gehörte. In der Reformationszeit ging ein Teil in den Besitz der Grafen von Nassau-Saarbrücken über.

Bereits seit dem ausgehenden 14. Jahrhundert war eine Veste, also eine Burg, bekannt, die jedoch während des Dreißigjährigen Krieges zerstört wurde. Interessant ist, wem Saarwellingen ab der zweiten Hälfte des 17. Jahrhunderts gehörte: erst den Grafen von Kriechingen, die im lothringischen Kriechingen residierten, dann den Grafen von Ostfriesland und ab 1726 den Grafen von Wied-Runkel.

Am Beispiel des Ortes spiegelt sich der für Deutschland typische Partikularismus wider, der jahrhundertelang und bis zur Neuordnung Europas auf dem Wiener Kongress 1815 galt.

Die wirtschaftlichen Verhältnisse in der Saarregion waren um 1750 so marode, dass viele Menschen ins Banat (Südosteuropa) auswanderten, auch 25 Familien aus Saarwellingen. Nach der französischen Herrschaft befand sich die Gemeinde kurzzeitig unter österreichischer und bayerischer Verwaltung, bis sie ab 1816 zum Königreich Preußen kam. Die wechselvollen Zeiten überdauert hat das barocke Schloss, das zwischen 1715 und 1719 anstelle der mittelalterlichen Burg als Verwaltungssitz entstand, dann abbrannte und unter den Grafen von Wied-Runkel 1766 neu errichtet wurde. 1804 als französisches Nationaleigentum versteigert, kam das lang gestreckte Gebäude nach Erwerb durch zwei Eigentümer 1818 in den Besitz der Gemeinde Saarwellingen, die den Bau als Schulhaus nutzte. Zunächst wurden alle Schüler und Schülerinnen in einer Klasse unterrichtet, doch im Laufe der Jahrzehnte professionalisierte sich auch hier das Unterrichtswesen. Wie allgemein in ländlichen Gebieten üblich, fand der Unterricht in den Wintermonaten als Ganztagesunterricht statt, in den Sommermonaten als Halbtagesunterricht, da die Kinder bei der Feldarbeit helfen mussten. Zur Erweiterung der Klassensäle erhielt das Schloss 1879 einen Anbau, in dem auch eine Lehrerwohnung zur Verfügung stand. Damals wurden etwa 1.000 Kinder unterrichtet. Für die Baumaßnahme wurde ein barocker Torbogen geopfert.

Am Ende des Zweiten Weltkriegs stark beschädigt, erfolgte bereits Ende

Das Schloss Saarwellingen, heute Rathaus der Stadt, ist ein Ort abwechslungsreicher Geschichte.

der 1940er-Jahre der Wiederaufbau des Schlosses in vereinfachter Form. Mit dem Bevölkerungszuwachs und dem Bau neuer Schulen erhielt das historische Gebäude nach Umbau 1976/77 eine andere Nutzung: Aus der Schule wurde das Rathaus der heute 13.000 Einwohner zählenden Stadt Saarwellingen. Im Zuge einer umfangreichen Sanierung zu Beginn des Jahrtausends gründete sich eine Initiative, die Spenden für die Rekonstruktion des barocken Torbogens sammelte; dieser konnte tatsächlich im Frühjahr 2003 originalgetreu errichtet werden.

Die Bürger der Stadt sind stolz auf ihr prachtvolles Rathaus, das neben den Kirchen ein besonderes Relikt der reichhaltigen Saarwellinger Geschichte darstellt. Wo einst monarchische Herrschaft zu Hause war, herrscht seit Jahrzehnten ein demokratischer Geist, der mit der Zeit geht, dennoch die Erinnerung an die Vergangenheit wachhält.

Auf dem Schlossplatz vor dem Rathaus steht seit 1983 ein Brunnen, dessen vier Kupferfiguren die für den Ort typischen Berufe symbolisieren: einen Bergmann, einen Hüttenarbeiter, einen Landwirt und eine Marktfrau.

46 Vom Saarland in alle Welt
Geschichte auf Briefmarken

Für Philatelisten gibt es kein interessanteres Bundesland als das Saarland, denn aufgrund seiner wechselvollen politischen Geschichte hat es eine eigene Briefmarkengeschichte.

Seit der Einführung von Briefmarken ab Mitte des 19. Jahrhunderts hatten die einzelnen Länder wie Hannover, Preußen oder Sachsen eigene Marken, erst mit der Gründung des Deutschen Kaiserreichs 1871 begann eine gemeinsame Geschichte der Deutschen Reichspost und damit auch die Ausgabe gemeinsamer Briefmarken. Eine Sonderstellung hatten zunächst noch die Königreiche Bayern und Württemberg, sie brachten bis 1920 eigene Briefmarken heraus.

Das preußische Saarbrücken also hatte um 1900 die Briefmarken wie das übrige Reich (jahrelang bekannt war die Dauerserie „Germania"), Homburg, zur bayerischen Pfalz gehörend, verwendete die Briefmarken des Königreichs Bayern. Nach dem Ersten Weltkrieg wurden im Saargebiet unter Völkerbundmandat zwischen 1920 und 1935 eigene Briefmarken verausgabt. 1920 erhielten die noch vorhandenen preußischen „Germania"- und bayerischen Marken mit dem Porträt König Ludwigs III. einfach den Aufdruck „Sarre". Ab 1921 lautete der Frankaturwert auf den Marken „Cent" (für Centime) bzw. „F" (für Franc). Abgebildet waren Landschaften („Saarschleife Mettlach"), markante Bauwerke („Ludwigskirche Saarbrücken") oder Bezüge zur Region („Madonna von Blieskastel", „Burbacher Hütte"). Im November 1934 wurde die 16-teilige Serie „Volksabstimmung 1935" herausgegeben; sie gehörte zu den letzten Briefmarken dieser Epoche.

Von Ende 1945 bis Ende 1947 galten im Saargebiet, wie auch im Rheinland, in Baden, in Württemberg und der Pfalz, die Briefmarken der Französischen Zone mit dem Aufdruck „Zone Français". Abgebildet waren die Wappen der jeweiligen Länder, hinzu kamen Marken, die die Dichter Goethe, Schiller und Heine zeigten. Gedruckt wurden diese und spätere Exemplare bei der Firma Burda in Offenburg. Eigene Briefmarken erhielt das Saarland 1947. Motive der Dauerserie (zunächst mit Pfennig, dann mit Centime bzw. Franc-Frankaturwert) waren wieder die Saarlandschaft, Orte („Alter Turm in Mettlach") oder Bezüge zur Wirtschaft („Kohlebergbau", „Hütten-Industrie"). Nach Einführung des französischen Franken als neue Währung (Ende 1947) wurden für kurze Zeit vorhandene Marken mit der Wertangabe in der neuen Währung überdruckt – solche Briefmarken sind rar und daher bei Sammlern sehr begehrt.

Ab 1948 erfolgte der Briefmarkendruck in Paris. Da die Gültigkeitsdauer stets nur wenige Monate betrug und auch zudem das Porto erhöht wurde, erschienen immer wieder neue Dauermarken – mit Bezug zur Region (z. B. „Großer Stiefel von Rentrisch", „Bliestal mit Wiebelskirchen", „Hauptpostamt Saarbrücken"). Von

Die wechselvolle Geschichte des Saarlandes spiegelt sich auf Briefmarken wider; hier eine 20-Centime-Marke aus der 1927 herausgegebenen Reihe „Landschaften“ (Saarlouis).

diesem Jahr an gab es auch Sonderbriefmarken, zu ihnen gehört etwa die vierteilige „Hochwasserhilfe“. Der Erlös dieser Zuschlagsmarken sollte den Opfern des verheerenden „Jahrhunderthochwassers“ (Jahreswende 1947/48) zugutekommen. Wie bereits in der Vorkriegszeit wurden auch jetzt wieder „Volkshilfe“-Marken verkauft (ebenfalls mit Zuschlag, meist waren bekannte Gemälde wiedergegeben).

Weitere Sondermarken im Jahr 1950 bildeten Zeitgeschichte ab: Zum 400. Stadtjubiläum von Ottweiler erschien eine 10-F-Marke und anlässlich der Aufnahme des Saarstaats als assoziiertes Mitglied in den Europarat eine 25-F-Marke. Thema zweier Marken im März 1952 waren die Olympischen Spiele in Helsinki, an denen das Saarland mit einer eigenen Mannschaft teilnahm. Im Oktober 1955 erschienen drei Motive („Schachtanlage“, „Brücken in Gersweiler mit Burbacher Hütte“, „Neue Bibliothek der Universität Saarbrücken“) anlässlich der Volksbefragung zum Saarstatut. Auch nach Eingliederung des Saarlands in die Bundesrepublik 1957 hielt die Sonderstellung des Landes bezüglich der Briefmarkengeschichte bis 1959 an: Von sechs motivisch eigenen Marken (u.a. „Saarmesse“, „100 Jahre Stadt Merzig“) abgesehen, erschienen dieselben Motive wie in der übrigen Bundesrepublik; die im Saarland gültigen hatten jedoch den Aufdruck „Saarland“ und als Frankaturwert war „F“ angegeben. Die erste Sondermarke, die 1957 erschien, galt der „Rückgliederung in die Bundesrepublik“. Neben der 40-teiligen Dauerserie „Bundespräsident Heuss“ erschienen zwischen 1957 und Mai 1959 insgesamt 29 Briefmarken mit dem Hinweis „Saarland“; ihre Gültigkeit währte bis Juli 1959. Danach endete die eigenständige Briefmarkengeschichte des Saarlands, die – da zeitlich und vom Umfang her überschaubar – ein beliebtes Gebiet bei Sammlern ist.

47 Das Saarland in der Literatur
Saarländische Literaten

Der Bodensee, die Ostsee und insbesondere die Landschaft entlang des Rheins wurden von namhaften Schriftstellern bereist und beschrieben. Doch auch der äußerste Südwesten der deutschen Lande erhielt ihre Aufmerksamkeit – so sind Aussagen über die Saarregion von Johann Wolfgang von Goethe, Theodor Fontane und Victor Hugo überliefert.

Seinen Besuch an der Saar schilderte Johann Wolfgang von Goethe (1749–1832) im Rückblick. Im 1812 erschienenen Band II seiner Autobiografie „Aus meinem Leben. Dichtung und Wahrheit" denkt er an die 14 Tage im Sommer 1770 zurück, als er Saarbrücken und die Umgebung besuchte. Die Reise unternahm er in Begleitung zweier Kommilitonen von Straßburg aus, wo er seit April Jura studierte: „Als wir nun uns nordwestwärts in das Gebirge wendeten und bei Lützelstein, einem alten Bergschloss in einer sehr hügelvollen Gegend, vorbeizogen, und in die Region der Saar und Mosel hinabstiegen, fing der Himmel an sich zu trüben, als wollte er uns den Zustand des raueren Westreiches noch fühlbarer machen … Wir gelangten über Saargemünd nach Saarbrücken, und diese kleine Residenz war ein lichter Punkt in einem so felsig waldigen Lande. Die Stadt, klein und hüglig, aber durch den letzten Fürsten wohl ausgeziert, macht sogleich einen angenehmen Eindruck, weil die Häuser alle grauweiß angestrichen sind und die verschiedene Höhe derselben einen mannigfaltigen Anblick gewährt. Mitten auf einem schönen mit ansehnlichen Gebäuden umgebenen Platze steht die lutherische Kirche, in einem kleinen, aber dem Ganzen entsprechenden Maßstabe. Die Vorderseite des Schlosses liegt mit der Stadt auf ebenem Boden, die Hinterseite dagegen am Abhange eines steilen Felsens. Die ganze Einrichtung des Schlosses, das Kostbare und Angenehme, das Reiche und Zierliche, deuteten auf einen lebenslustigen Besitzer, wie der verstorbene Fürst gewesen war."

In Saarbrücken war der junge Goethe drei Tage zu Gast bei dem nassau-saarbrückischen Kammerpräsidenten Hieronymus Maximilian von Günderode (1730–1777). Von hier aus bereiste der Student zu Fuß die Umgebung: „Wir hörten von den reichen Dudweiler Steinkohlengruben, von Eisen- und Alaunwerken, ja sogar von einem brennenden Berg, und rüsteten uns, diese Wunder in der Nähe zu beschauen."

Der Brennende Berg bei Dudweiler, heute ein Stadtteil von Saarbrücken, ist noch immer eine Sehenswürdigkeit. Die Anhöhe birgt ein Kohleflöz, das Mitte des 17. Jahrhunderts in Brand geriet und noch immer schwelt: „Auf dem Platze dampften verschiedene Öffnungen, andere hatten schon ausgeraucht, und so glomm dieses Feuer … durch alte verbrochene Stollen und Schächte, mit welchen der Berg unterminiert ist."

Mit großer Aufmerksamkeit ließ sich Goethe, der spätere Minister für Bergbau im Großherzogtum

Vor dem Deutschen Zeitungsmuseum Wadgassen erinnert eine 1996 von dem einheimischen Bildhauer Lothar Meßner (1926–2019) geschaffene Bronzefigur an den Schriftsteller Johannes Kirschweng (1900–1951).

Sachsen-Weimar-Eisenach, über den Dudweiler Steinkohleabbau informieren: „Hier wurde ich nun eigentlich in das Interesse der Berggegenden eingeweiht, und die Lust zu ökonomischen und technischen Betrachtungen, welche mich einen großen Teil meines Lebens beschäftigt haben, zuerst erregt."

Auch in Neunkirchen machte Goethe Rast, nachdem er in Friedrichsthal die Glashütten besucht hatte und bevor er über Bitsch und Niederbronn nach Straßburg zurückkehrte. Noch heute erinnert am Brennenden Berg eine (1908 errichtete und 1980 erneuerte) Gedenktafel an Goethes Besuch in Dudweiler.

Während Goethe voll positiver Erfahrungen die Saar verließ, war der bekannte französische Schriftsteller Victor Hugo (1802–1885) weniger angetan von Saarbrücken. Auf seiner Reise im September 1865 meinte er, die Zwiebeltürme Saarbrückens sähen alle gleich aus. Und der brandenburgische Schriftsteller Theodor Fontane (1819–1898), der 1870/71 als Kriegsberichterstatter im Deutsch-Französischen Krieg die Region kennenlernte, empfand Saarbrücken und St. Johann als „öd und trist", allerdings meinte er: „Das Beste sind die Brücken und das Bahnhofsgebäude."

Doch nicht nur prominente Schriftsteller kamen an die Saar, im Saarland lebten und wirken noch heute Literaten von Rang und Namen. Zu ihnen zählen der vielfach ausgezeichnete, 1927 in Sulzbach geborene und dort 2018 verstorbene Ludwig Harig; der heute weitgehend vergessene Johannes Kirschweng, 1900 in Wadgassen geboren, bereits 1951 in Saarlouis verstorben; der 1934 in Bergweiler bei Tholey geborene Johannes Kühn; oder die aus Berlin stammende und in Merzig lebende Pianistin und Lyrikerin Edith Engel-Barthel (1907–2009).

Mit ihren Romanen, Dramen, Novellen und Gedichten haben sie ein lesens- und liebenswertes Werk hinterlassen. Doch Auflagenmillionär aus dem Saarland ist der 1971 in Homburg geborene Markus Heitz. Er ist einer der meistgelesenen Fantasy-, Horror- und Science-Fiction-Autoren; allein in Deutschland haben sich die Werke des preisgekrönten Schriftstellers mehr als fünf Millionen Mal verkauft. Alle Achtung!

48 Partnerschaft in Kleinblittersdorf
Die Freundschaftsbrücke

Wie sehr Flüsse, insbesondere die Saar, Trennung und Verbindung zugleich darstellen können, zeigt sich in Kleinblittersdorf, im äußersten Süden des romantischen Bliesgaus. Die Geschichte, die selten nach den Wünschen der Menschen fragte, sondern meist dem Machtstreben und dem Machterhalt der Herrschenden unterlag, teilte schließlich den Ort in das zu Deutschland gehörende Kleinblittersdorf und das im französischen Département Moselle liegende Großblittersdorf (Grosbliederstroff). Da ist es verständlich, dass beide Gemeinden heutzutage eine Partnerschaft unterhalten.

Jahrhundertelang haben Fährleute den Transport von Menschen, Tieren und Waren von einem zum andern Ufer übernommen, bis die lang gehegte Idee einer festen Verbindung in die Tat umgesetzt wurde. Dies geschah 1880, als die Saar gerade mal kein Grenzfluss war. Über eine steinerne Bogenbrücke, für die ein Brückenpfennig zu entrichten war, konnten Fußgänger und Fuhrwerke den Fluss passieren. Insbesondere Pendlern war es nun möglich, bequem zum 1870 eröffneten Kleinblittersdorfer Bahnhof zu gelangen und von dort schnell zur Arbeit nach Saarbrücken oder Saargemünd (Sarreguemines). Anfang September 1939, kurz nach Beginn des Zweiten Weltkriegs, sprengten französische Militärangehörige die Brücke, um ein Vordringen der Wehrmacht nach Frankreich zu erschweren.

In der Nachkriegszeit war eine Begegnung der Bevölkerung wieder nur mittels einer Seilfähre möglich. Dieser unerfreuliche Zustand änderte sich infolge des deutsch-französischen Freundschaftsvertrags, den Bundeskanzler Konrad Adenauer (1876–1967) und Staatspräsident Charles de Gaulle (1890–1970) im Januar 1963 unterzeichnet hatten: 1964 wurde die neue Stahlbogenbrücke eingeweiht, die allerdings gar nicht so neu war, da sie in Saarbrücken ausgemustert und dort durch einen Neubau ersetzt worden war. Immerhin war aber ein offizieller Grenzübergang neu geschaffen. Am 13. Juli 1968, am Vortag des französischen Nationalfeiertags, schlossen beide Gemeinden einen Partnerschaftsvertrag; bei dieser Gelegenheit erhielt die Fußgängerbrücke offiziell die Bezeichnung „Freundschaftsbrücke" („Pont de l'amitié").

25 Jahre lang versah die Brücke ihren Dienst, bis sie 1993 wegen ihres maroden Zustands durch eine 140 Meter lange und 3,5 Meter breite Stahlbetonbrücke ersetzt wurde, deren bordeauxrot gestrichenes Metallgeländer von Weitem ins Auge fällt. Inzwischen symbolisiert die Freundschaftsbrücke im 11.000 Einwohner großen Kleinblittersdorf längst die deutsch-französische Partnerschaft und sie ist zum Vorbild für weitere grenzüberschreitende Brücken zwischen dem Saarland und Lothringen geworden.

Diese 1993 eröffnete Freundschaftsbrücke über der Saar verbindet das saarländische Kleinblittersdorf mit dem französischen Großblittersdorf (Grosbliederstroff).

49 Großen Europäern gewidmet
Das Europadenkmal in Berus

Auch in Bayern und Rheinland-Pfalz stehen Denkmäler, die den europäischen Gedanken symbolisieren, doch das Europadenkmal in Berus, fünf Kilometer südwestlich von Saarlouis, ist das älteste Bauwerk dieser Art. Auf einem 360 Meter hohen Berg, auf dem sich von 1935 bis zu seiner Sprengung zu Kriegsbeginn 1939 der Hindenburgturm befand, steht seit 1970 das Europadenkmal.

Das Denkmal kam auf Initiative des saarländischen Landtagsabgeordneten Helmut Bulle (1925–1973) und Gerhard Burg (1925–1990), Bürgermeister von Überherrn, zustande. Bulle, der spätere Bau- und Finanzminister des Landes, war Marinesoldat im Zweiten Weltkrieg und setzte sich als Student Ende der 1940er-Jahre für die Verständigung mit Frankreich und für die Einigung Westeuropas ein. Der Verein zur Errichtung eines Denkmals für die großen Europäer unterstützte das Projekt.

Beim Spatenstich am 2. Juli 1966 war auch Bundeskanzler Konrad Adenauer (1876–1967) anwesend, ihm war die Versöhnung mit dem Nachbarland ein besonderes Anliegen. In der Urkunde, die dem Grundstein beigefügt wurde, heißt es: „Wo einst … im Zeichen des nationalen Gegensatzes trutzige Burgen errichtet worden waren, wird nun dieses Denkmal von der deutsch-französischen Freundschaft künden … so soll diese Gedenkstätte dem neuen europäischen Geiste dienen, der durch den Staatsmann Robert Schuman und seine großen Mitstreiter geprägt worden ist.“

Nach fast vierjähriger Bauzeit wurde das 16 Meter hohe Bauwerk am 24. Mai 1970 durch den saarländischen Ministerpräsidenten Franz-Josef Röder (1909–1979) eingeweiht. Es besteht aus zwei parallel in den Himmel ragenden Stahlbetonplatten, die für die Länder Deutschland und Frankreich stehen. Im oberen Teil sind diese Platten durch neun strahlenförmig angeordnete Metallstäbe verbunden, die wiederum die „nach dem letzten Kriege angeknüpften vielseitigen freundschaftlichen Verflechtungen“ darstellen, so Gerald Motsch, von dem der Entwurf des Denkmals stammt. Die drei Meter über dem Boden befindliche und über zwei Treppen erreichbare Plattform soll die gemeinsame Geschichte der beiden Nationen darstellen.

Wie Hinweistafeln an den Pylonen erläutern, ist die originelle Konstruktion dem deutschen Kanzler Adenauer, dem französischen Außenminister Robert Schuman (1886–1963) und dem italienischen Ministerpräsidenten Alcide De Gasperi (1881–1954) gewidmet, gilt doch Letzterer ebenfalls als einer der Gründerväter der Europäischen Gemeinschaften. Weitere, später hinzugefügte Schrifttafeln erinnern auch an den luxemburgischen Politiker Joseph Bech (1887–1975), den belgischen Staatsmann Paul Henri Spaak (1899–1972) und Helmut Bulle.

Auch das 1970 eingeweihte Europadenkmal in Berus ist ein Symbol der deutsch-französischen Freundschaft und ein beliebtes Ausflugsziel der Saarländer.

Das Denkmal, das etwa 1.500 Meter von der Grenze entfernt steht, ist längst ein weithin sichtbares Wahrzeichen der Gemeinde Überherrn-Berus und ein aussagekräftiges Symbol der deutsch-französischen Freundschaft, zudem ein Treffpunkt bei kulturellen Veranstaltungen. So fand am Denkmal vom 2. auf den 3. Oktober 1990 die größte Wiedervereinigungsfeier im Saarland statt. Von hier aus lassen sich bequem Wanderungen durchs Saartal oder nach Frankreich unternehmen. Im Juli 1997 brachte die Deutsche Bundespost innerhalb ihrer Dauermarkenserie „Sehenswürdigkeiten" eine 47-Pfennig-Briefmarke heraus, die das Europadenkmal Berus zeigt – und das damit in alle Welt verschickt werden konnte.

50 Grenzüberschreitende Verbindungen
Die Autobahnen im Saarland

Die Landschaft ist voller Kreuze: Kirchturmkreuze, Wegekreuze, Andreaskreuze – und sogar Autobahnkreuze gibt es im Saarland. Es überrascht, wie viele Autobahnkilometer das kleine Land durchziehen. Inzwischen dokumentieren sie ein Stück Verkehrs- und Architekturgeschichte, sie sind Ergebnis einer großen Ingenieursleistung und der harten Arbeit Tausender Bauarbeiter.

Die wichtigste Autobahn und mit insgesamt etwa 750 Kilometern eine der längsten in Deutschland ist die A 1, die in Heiligenhafen an der Ostsee beginnt und in Saarbrücken-Burbach endet. Die ersten Planungen für diese Nord-Süd-Verbindung stammen aus den 1920er-Jahren, im Saarland jedoch entstand das rund 55 Kilometer lange Teilstück in Etappen in den 1960er-/70er-Jahren, und zwar zunächst als Bundesstraße. Mit dem grenzüberschreitenden Ausbau des saarländischen Straßennetzes wurden die Bundesstraßen zur damaligen A 171 aufgewertet. Mit Einführung des neuen Nummerierungssystems 1975 erhielt die nun weitgehend vollständig ausgebaute Autobahn die Bezeichnung A 1, sie ist zugleich Teil der Europastraße E 422. Touristische Hinweisschilder, „Unterrichtungstafeln“ genannt, machen auf folgende Sehenswürdigkeiten aufmerksam: auf den „Keltischen Ringwall“ bei Otzenhausen, das „Weltkulturerbe Völklinger Hütte“ und auf den Saarkohlewald in der Region Saarbrücken/ Neunkirchen, beworben als „Urwald vor den Toren der Stadt“. Bei Illingen, etwa 15 Kilometer nördlich des Stadtzentrums, liegt das Autobahnkreuz Saarbrücken, das eine Verbindung zur A 8 herstellt. Die A 8 wiederum beginnt bei Perl an der Grenze zu Luxemburg und verlässt nach 95 Kilometern südöstlich des Kreuzes Neunkirchen das Saarland in Richtung Zweibrücken, von dort führt sie, teils als Bundesstraße, über Karlsruhe–Ulm–München bis zur Grenze nach Österreich.

Auch dieser saarländische Streckenabschnitt entstand in Etappen, ab 1959 zog sich der komplette Ausbau über 60 Jahre hin. Als längste Autobahn durch das Land enthält die A 8 entsprechend viele Hinweisschilder: „Römische Villen Borg und Nennig“, „Orscholz Saarschleife“, „Naturpaar Saar-Hunsrück“, „Mettlach Keramik“, „Stausee Losheim“, „Merzig Viezregion“, „Festungsstadt Saarlouis“, „Weltkulturerbe Völklinger Hütte“, „Altes Hüttenareal Neunkirchen“, „Gondwana – Das Praehistorium“, „Grubenmuseum Bexbach“, „Römermuseum Homburg“ und „Biosphärenreservat Bliesgau“.

Die heutige A 6 (zugleich Europastraße 50), die von der französischen zur tschechischen Grenze führt, gehört streckenweise zu den ältesten Autobahnen Deutschlands. Mit dem Abschnitt von Mannheim über Kaiserslautern nach Saarbrücken wurde bereits 1934

Mehrere Autobahnen durchziehen das Saarland und führen bequem in die europäischen Hauptstädte Paris und Luxemburg.

begonnen, eine neue Trasse in den 1950er-Jahren führte bis zur Grenze des damals autonomen Saarlands, zwischen 1960 und 1963 wurde die Verbindung zwischen Homburg und Saarbrücken vollendet. Mit drei großen Brückenbauten und der Parallellage zur Saar war die Umsetzung dieses Abschnitts sehr kostenintensiv. Immerhin war Saarbrücken damals die erste deutsche Großstadt mit einer Autobahnanbindung der Stadtmitte. Die Weiterführung zum Grenzübergang „Goldene Bremm" erfolgte 1969, sie ist hier die Nachfolgestraße der 1811 gebauten „Kaiserstraße".

An der im Saarland rund 45 Kilometer langen A 6 stehen als touristische Hinweisschilder: „Saarbrücken Ludwigskirche", „Barockstadt Blieskastel", „Biosphärenreservat Bliesgau", „Homburg Schlossberghöhlen" und „Bexbach Grubenmuseum", übrigens sind die Bezeichnungen auch hier, wie im gesamten Saarland, auf Deutsch und Französisch vermerkt.

Als letzte wichtige Nord-Süd-Verbindung besteht noch die A 62, die vom Dreieck Nonnweiler im Norden des Landes entlang des Schwarzwälder Hochwalds nach Pirmasens führt und auf saarländischem Gebiet rund 30 Kilometer lang ist. In diesem Abschnitt wurde sie Mitte der 1960er- bis Anfang der 1970er-Jahre gebaut, in ihrer Nähe liegen die Ausflugsziele „Keltischer Ringwall", „Bostalsee" und „Naturwildpark Freisen".

Außerdem existieren noch zwei kurze Autobahnen: Die 1963 in Betrieb genommene, 32 Kilometer lange A 620, die vom Autobahndreieck Saarlouis zum Dreieck Saarbrücken führt, als Stadtautobahn von Saarbrücken fungiert und auf drei Sehenswürdigkeiten hinweist („Deutsches Zeitungsmuseum Wadgassen", „Weltkulturerbe Völklinger Hütte", „Schloss Saarbrücken"). Gelegentlich wird die A 620 auch als „Nebenfluss mit 13 Buchstaben" (Stadtautobahn) bezeichnet, dann nämlich, wenn die Saar Hochwasser hat und die Straße überflutet ist. Eine weitere Stadtautobahn ist die zehn Kilometer lange A 632, die vom Stadtzentrum auf die A 8 bei Friedrichsthal führt. So informativ die touristischen Schilder sind, so originell ist der Länder-Slogan, der an den Ländergrenzen die Autofahrer begrüßt: „Großes entsteht immer im Kleinen".

51 Grenzgänger
Der Schmuggler-Pfad Namborn

So bequem die Autobahnen auch sind, es ist doch schöner, das Saarland wandernd zu erkunden, wofür sich der Schmuggler-Pfad in Namborn bei St. Wendel anbietet. Schmuggel, also die „rechtswidrige Verbringung von Waren über eine Grenze", findet hier jedoch nicht mehr statt, vielmehr handelt es sich um einen historischen Schmugglerweg, der benutzt wurde, als Grenzen das Leben der Einheimischen bestimmten.

An Grenzen musste in früheren Zeiten Zoll gezahlt werden, was die Waren verteuerte. Daher wurde lieber gelegentlich auf einen ordnungsgemäßen Grenzübertritt verzichtet. Oder aber illegale Güter – wie später Drogen und Waffen – sollten von der einen auf die andere Seite gebracht werden. Bei der aus zehn Ortsteilen bestehenden Gemeinde Namborn, rund 40 Kilometer nordöstlich von Saarbrücken und im Landkreis St. Wendel gelegen, waren die Grenzen unübersichtlich. Einige Orte der heutigen Gemeinde Namborn gehörten bis zum Ende des 18. Jahrhunderts, also bis zur französischen Besatzung, zum protestantisch geprägten Herzogtum Pfalz-Zweibrücken, andere zum Erzbistum und Kurstaat Trier, in dem der Katholizismus dominierte. Namborn selbst, als Teil des Herzogtums Lothringen, war 1766 an Frankreich gefallen und gelangte 20 Jahre später aufgrund eines Tausches an Pfalz-Zweibrücken.

Als auf dem Wiener Kongress 1814/15 Europa territorial neu geordnet wurde, waren davon insbesondere die Herrschaftsgebiete im heutigen Saarland betroffen: neun Orte der heutigen Gemeinde, u.a. auch Namborn, wurden dem Herzogtum Sachsen-Coburg zugeschlagen, Hirstein dagegen kam zum Herzogtum Oldenburg. Mitte der 1830er-Jahre erfolgte eine weitere Neuordnung, die sächsisch-coburgischen Gemeinden gelangten an den neu gebildeten Kreis St. Wendel, der wiederum Teil des Regierungsbezirks Trier der preußischen Rheinprovinz wurde. Damit verlief bei Namborn die Grenze zwischen dem Königreich Preußen und der Pfalz, die zum Königreich Bayern gehörte.

Verschiedene Grenzen bedeuteten nicht nur unterschiedliche Zölle (mit Gründung des Deutschen Zollvereins 1834 wurden die Zollschranken innerhalb des Deutschen Bundes aufgehoben), sondern auch eine andere Gesetzgebung, unterschiedliche Verbote und Strafen. Bekanntlich beförderte Verbotenes das Abenteuer des illegalen Grenzübergangs, auch der Mangel bestimmter Waren auf einer Seite. Dies betraf auch die Jahre nach dem Ersten Weltkrieg, 1920 bis 1935, als zwischen dem Saargebiet und dem Deutschen Reich eine streng bewachte Grenze bestand. Daran erinnern noch heute manche inzwischen überwucherte Grenzsteine, die mit „S" (für Saargebiet) bzw. „D" (für Deutschland) gekennzeichnet sind. Längst gehört die

Der 13 Kilometer lange Schmuggler-Pfad bei Namborn führt durch eine idyllische Landschaft und erinnert an längst überwundene „Grenzgeschichten".

kuriose Grenzziehung in dieser Region der Vergangenheit an, geblieben aber ist – bzw. 2009 neu eingerichtet wurde – der rund 13 Kilometer lange „Schmuggler-Pfad", der am Schützenhaus Hofeld-Mauschbach beginnt und durch eine idyllische Landschaft führt, die einige Höckerlinien und damit Überreste des Westwalls, vor allem aber herrliche Ausblicke in die Natur bietet. Eine Attraktion auf dem gut ausgeschilderten Weg ist die Wassertretanlage Farthelborn, die müde Füße munter macht.

So gestärkt lohnt auch ein Besuch der nahe gelegenen Burgruine Liebenburg, deren 1977 errichteter Aussichtsturm einen Blick ins St. Wendeler Land ermöglicht. In St. Wendel selbst befindet sich eine weitere Sehenswürdigkeit: Das 1620 erstmals urkundlich erwähnte „Gasthaus zum Ochsen" ist das älteste Wirtshaus im heutigen Saarland, es bietet urtypische saarländische Spezialitäten wie die Kartoffelgerichte „Dibbelappes", „Geheirate" oder „Hoorische" – und dazu einen „sauren Viez", also einen säurehaltigen Apfelwein.

52 Moderne trifft auf Geschichte
Das Saarpolygon in Ensdorf

Zur Erinnerung an die Geschichte des Bergbaus entstand die begehbare Skulptur Saarpolygon. Sie ging aus einem vom 2011 gegründeten Förderverein Bergbauerbe Saar e.V. initiierten Wettbewerb hervor.

Die führenden Bergbauregionen, in denen Steinkohle abgebaut wurde, lagen im Deutschen Reich zur Zeit der Hochindustrialisierung an der Ruhr, in Oberschlesien – und an der Saar. Funde bei der Ausgrabung eines Hügelgrabs aus dem 7. Jahrhundert in Rubenheim/Gersheim brachten zutage, dass hier schon die Kelten Kohle gefördert hatten. Auch für das Mittelalter ist der Kohleabbau belegt, die professionelle Förderung fand jedoch erst unter Fürst Wilhelm Heinrich von Nassau-Saarbrücken (1718–1768) statt. Unter seiner Herrschaft existierten bereits 12 Gruben, u.a. in Burbach, Dudweiler, Gersweiler oder Wellesweiler. 1790 – inzwischen war Kohle ein begehrter Brennstoff für Manufakturen und private Haushalte – lag die Gesamtförderung bei ca. 50.000 Tonnen Kohle. Ab 1815, also nach der französischen Besatzung nun unter preußischer Führung, wurde die Gründung weiterer Zechen forciert, Förderung und Belegschaften nahmen rasant zu, ebenso die allgemeine Bevölkerungsentwicklung.

Ab Mitte des 19. Jahrhunderts beflügelte das neue Verkehrsmittel Eisenbahn den Bergbau, der drittgrößter Arbeitgeber der Region war. Die Bahn eignete sich noch besser als die Schiffe auf Saar und Mosel, um Kohle in die Mitte des Reiches zu transportieren. Vor dem Ausbruch des Ersten Weltkriegs lag die Zahl der Bergleute bei rund 57.000, die Förderung mittlerweile bei jährlich ca. 14 Millionen Tonnen Kohle (Zum Vergleich: Im Ruhrgebiet wurden 1913 rund 114 Millionen Tonnen Kohle gefördert). Laut Versailler Vertrag fielen die Gruben 1920 für 15 Jahre an Frankreich, nach dem Zweiten Weltkrieg gelangten die Kontrolle und die deutlich gestiegene Förderung der Kohle erneut an Frankreich. 1949 förderten rund 65.000 Bergleute 16,3 Millionen Tonnen Kohle.

Nach der Rückgliederung des Saarlands an die Bundesrepublik wurde 1957 die Saarbergwerke AG gegründet, Eigentümer waren zu 74 Prozent die Bundesrepublik, zu 26 Prozent das Saarland. In den 1970er-/80er-Jahren wurden kleinere Kohlegruben zu Verbundbergwerken zusammengefasst, andererseits ging die Fördermenge deutlich zurück. Am 30. Juni 2012 endete die Kohleförderung im Saarland. Als letzter Standort des Bergwerks Saar schloss das Steinkohlenbergwerk in Ensdorf/Landkreis Saarlouis.

Der 2011 gegründete Förderverein Bergbauerbe Saar e.V. initiierte einen Wettbewerb, aus dem zur Erinnerung an diese traditionsreiche Geschichte eine begehbare Skulptur hervorging, Saarpolygon genannt. Es ist ein Werk der Berliner Architekten Katja Pfeiffer und Oliver Sachse. Die Einweihung des Denkmals fand im September 2016 auf der Bergehalde Ensdorf statt. 30 Meter hoch,

Das architektonisch originelle und 30 Meter hohe Saarpolygon bei Ensdorf ist ein von Weitem sichtbares Symbol des industriellen Wandels.

ist es von Weitem zu sehen. 132 Stufen führen zu dem 35 Meter überspannenden Querstück des Bauwerks, das so gestaltet ist, dass es aus jeder Richtung andersartig aussieht, und das für diese Originalität mit mehreren Architekturpreisen ausgezeichnet wurde. Von der Aussichtsplattform hat der Besucher eine tolle Sicht in die Landschaft, die auch bei vielen Gleitschirmfliegern beliebt ist.

Nach Ansicht ihrer Gestalter soll die Stahlgitterkonstruktion ein „Symbol des Wandels" darstellen, das in „abstrakter Formensprache vielgestaltige Bergbaumotive nachzeichnet". Auf jeden Fall stellt das Saarpolygon eine Verbindung zwischen der Gegenwart und der von Kohle und Stahl geprägten Geschichte des Saarlands dar. Überregional bekannt wurde das außergewöhnliche Bauwerk als Schauplatz des im Saarland angesiedelten Tatorts „Mord Ex Machina" (2017).

53 Ein bisschen Frieden für die ganze Welt
Nicole aus Saarbrücken

Mit Margot Hielscher (1957), Alice und Ellen Kessler (1959), Lale Andersen (1961), Conny Froboess (1962), Heidi Brühl (1963), Wencke Myhre (1968), Katja Ebstein (1970), Mary Roos (1972), Joy Fleming (1975), Ireen Sheer (1978), Lena Valaitis (1981) oder Ingrid Peters (1986) haben international bekannte Sängerinnen für Deutschland am Eurovision Song Contest teilgenommen, doch nur zwei haben diesen Liederwettbewerb für Deutschland gewonnen, eine von ihnen stammt aus dem Saarland: Nicole.

Seit 1956 findet die Musikveranstaltung statt, viele Jahre bekannt unter der Bezeichnung „Grand Prix d'Eurovision de la Chanson". Alljährlich, bis auf 1996, hat Deutschland daran teilgenommen.

Harrogate in Großbritannien war 1982 Veranstaltungsort des 27. Eurovision Song Contests, an dem sich Vertreter aus 18 Ländern beteiligten. Für die Bundesrepublik startete Nicole, damals eine 17 Jahre alte Schülerin. Im Oktober 1964 als Nicole Hohloch in Saarbrücken geboren, hatte sie bereits in jungen Jahren öffentliche Auftritte, 1981 gelang ihr ein erster kommerzieller Erfolg mit dem Titel „Flieg nicht so hoch, mein kleiner Freund".

Vor 8,6 Millionen deutschen Zuschauern interpretierte sie am 24. April 1982 den Titel „Ein bisschen Frieden", den Ralph Siegel für sie komponiert hatte, der Text stammte von Bernd Meinunger. Entstehungshintergrund des Textes waren der Falklandkrieg (1982) und die Nachrüstungsdebatte. Inhaltlich spiegelte der Song den Wunsch nach Frieden wider.

Nachdem sie die deutsche Vorentscheidung in München einen Monat zuvor für sich hatte gewinnen können, trat Nicole in Harrogate als letzte Teilnehmerin auf. Hier beeindruckten vor allem der eher kindliche Auftritt und die optische Präsentation, bei der die Friedensfarbe Weiß dominierte. Nicole begleitete sich auf einer weißen Gitarre, weiß gekleidet waren ebenso die Harfenistin und die Orchestermitglieder, u.a. spielte Ralph Siegel am Flügel. Von Luxemburg abgesehen, gaben alle Länder dem Titel Punkte, neunmal erhielt er die Höchstzahl von 12 Punkten, am Ende hatte Nicole mit 161 Punkten einen deutlichen Vorsprung von 61 Punkten zum zweitplatzierten Titel „Hora" des israelischen Sängers Avi Toledano. Bei der Präsentation des Siegertitels trug die junge Saarländerin ihre Friedensballade auch auf Englisch, Französisch und Niederländisch vor.

„Ein bisschen Frieden" war über fünf Wochen der Nummer-eins-Hit in der Bundesrepublik, aber auch international hielt sich der Titel wochenlang in den Hitlisten, etwa in Großbritannien, wo die Interpretin als erste Deutsche mit der englischen Fassung „A Little Peace" den ersten Platz der Charts errang. Bis heute gilt die Ballade als einer der meistverkauften deutschen Schlager, weltweit sollen rund fünf Millionen Singles verkauft

Mit ihrem Song „Ein bisschen Frieden" errang die aus Saarbrücken stammende Schlagersängerin Nicole 1982 für die Bundesrepublik den ersten Platz beim Grand Prix d'Eurovision de la Chanson.

worden sein. Er wurde mehrfach mit Gold und Platin ausgezeichnet. Mit diesem und weiteren Titeln war Nicole, die seit 1984 verheiratet ist und seitdem mit Nachnamen Seibert heißt, ein gern und häufig gesehener Gast in der ZDF-Hitparade. Zu ihren Liedern der 1980er-Jahre zählen „So viele Lieder sind in mir", „Lass mich nicht allein", „So wie du", zu ihren letzten Einspielungen gehören „Das ist mein Weg", „12 Punkte" oder „50 ist das neue 25".

Aufgrund ihres anhaltenden Erfolgs, vor allem für ihren Sieg 1982, wurde Nicole vielfach ausgezeichnet, u.a. mit dem Echo Pop (1992), dem Paul-Lincke-Ring (2001), der „Goldenen Europa" (1982 und 2002), dem Fernsehpreis des Saarländischen Rundfunks oder mit dem Saarländischen Verdienstorden. Elfmal erhielt sie die Deutsche Stimmgabel, außerdem wurde sie im Januar 2000 zur Ehrenbürgerin ihrer Heimatgemeinde Nohfelden ernannt. Erst fast drei Jahrzehnte später war es die 19-jährige Lena Meyer-Landrut, die beim Eurovision Song Contest 2010 in Oslo mit dem Lied „Satellite" erneut den Wettbewerb für Deutschland entschied.

54 Kleinodien einer Kulturlandschaft
Die saarländische Barockstraße

Nicht nur in Bayern oder in Oberschwaben stehen sehenswerte Schlösser, Kirchen und Klöster aus der Barockzeit, auch im Saarland lassen sich zahlreiche Bauten dieser Epoche entdecken. Gemeint ist hier die Zeit ab etwa 1650 bis ca. 1780, damit die Zeit des Absolutismus, die sich künstlerisch in der Musik, Malerei und Architektur niederschlug. Die „BarockStraße SaarPfalz" führt zu den Sehenswürdigkeiten jener Jahrzehnte, dabei schließt sie Zweibrücken ein, da Teile des heutigen Saarlands zum ehemaligen Herzogtum Pfalz-Zweibrücken gehörten.

Zum Abschluss unserer Reise durchs Saarland beginnen wir in Ottweiler, das uns über die Porzellanmanufaktur bereits bekannt ist. Größter Barockbau ist hier das dreigeschossige sog. Witwenpalais des Baumeisters Friedrich Joachim Stengel (1694–1787), das sich Fürst Wilhelm Heinrich von Nassau-Saarbrücken (1718–1768) 1757/58 als Stadtpalais errichten ließ. Einen Besuch lohnt auch der Barock-Rosengarten.

Die Hauptroute der Barockstraße ist 120 Kilometer lang, wegen der Vielzahl an Bauten und Gärten, die sie begleiten, sei hier nur eine Auswahl genannt, darunter die Gustavsburg in Homburg-Jägersburg. Diese Anlage ließ sich Herzog Gustav Samuel Leopold von Pfalz-Zweibrücken (1670–1731) auf den Überresten einer ehemaligen Wasserburg als Jagdschlösschen errichten. Der Herrscher war Namensgeber der Burg, die romantisch am Jägersburger Schlossweiher liegt und heute das Burg- und Schlossmuseum beherbergt.

Über die Homburger Innenstadt, die ebenfalls barocke Bausubstanz besitzt, geht es zum Edelhaus in Schwarzenacker. Der ehemalige Gutshof von 1722, wie die Gustavsburg von dem aus Schweden stammenden Architekten Jonas Erikson Sundahl (1678–1762) entworfen, zeigt in Nachbarschaft zum Römermuseum als Dauerausstellung Werke von Johann Christian von Mannlich (1741–1822). Dieser war Hofmaler unter Herzog Christian IV. von Pfalz-Zweibrücken (1722–1775).

Die Barockstadt im Saarland ist Blieskastel! Bis heute ist die Innenstadt von der barocken Architektur geprägt. Zwar wurde das Schloss im Zuge der Französischen Revolution zerstört, doch hat sich der zweigeschossige, als Orangerie bezeichnete „Lange Bau" an der Schlossbergstraße erhalten, in der, wie auch in den Nachbarstraßen, etliche ehemalige Kavaliershäuser, Hofratshäuser, Amtsgebäude, Wohn- und Geschäftshäuser mit Mansardenwalmdächern und Gewölbekellern aus dem 18. Jahrhundert stehen. Barocke Perlen mit schmucken Fassaden einerseits und Geschichte andererseits sind ferner das ehemalige Franziskanerkloster oder auch das kleine Schlösschen (beide 1776/77), das zunächst als Hofratshaus, ab 1792 der Regierung, schließlich als

Zu den Schmuckstücken der „BarockStraße SaarPfalz" zählt auch das Rathaus der Stadt Blieskastel, um 1775 als Waisenhaus errichtet.

Gefängnis diente und das heute Teil des Von-der-Leyen-Gymnasiums ist.

Auf eine ebenso abwechslungsreiche Vergangenheit blickt das heutige Rathaus am Paradeplatz, das Reichsgraf Franz Karl von der Leyen (1736–1775) als Armen- und Waisenhaus (1775) hatte erbauen lassen und das in späteren Zeiten auch als Amtsgebäude, Kaserne und Markthalle fungierte. Der rote Sandsteinbau mit aufwendiger Schaufassade (Portal, Balkon, Figuren, Wappen) ist wohl das schönste Barockgebäude der Stadt. Sehenswert sind gleichfalls die Schlosskirche (katholische Pfarrkirche), die Heilig-Kreuz-Kapelle oder der terrassenförmig von Friedrich Ludwig von Sckell (1750–1823) angelegte Lustgarten mit Steinbänken und Gartenhäuschen aus der Barockzeit.

Auf dem Weg nach Saarbrücken besuchen wir die Niederwürzbacher Schlösser, ein gefälliges, um 1788 geschaffenes Barockensemble, bestehend aus Gut Annahof, auch „Runder Bau" genannt, und dem Schloss Monplaisir, wegen seiner Farbe auch „Roter Bau" genannt, einst errichtet für die Grafen von der Leyen. Doch in der Barockzeit entstanden nicht nur herrschaftliche Bauten und Kirchen. Aus dieser Epoche überdauert haben etwa das industriegeschichtlich bedeutende Ensemble „Alte Schmelz" in St. Ingbert (ab 1750) – oder die Salzhäuser und das Salzherrenhaus (heute Sitz des Kulturamtes) in Sulzbach (um 1730). Sie waren Teil einer Salzgewinnungsanlage, die zu Beginn ihrer Existenz so erfolgreich war, dass sie den Salzbedarf im Fürstentum Nassau-Saarbrücken deckte. Mit der Besichtigung des Schlosses und der Ludwigskirche in Saarbrücken endet unsere entdeckungsreiche Tour auf der „BarockStraße SaarPfalz", die ein anderes Mal noch weitere, abseits gelegene Perlen dieser bemerkenswerten Epoche bereithält.

55 Du freundliches Land an der Saar
Die Saarlandhymnen

Das „Lied der Deutschen" verfasste August Heinrich Hoffmann von Fallersleben 1841, 1922 wurde es durch Reichspräsident Friedrich Ebert zur Nationalhymne proklamiert. Seit 1991 besteht die Hymne aus der dritten Strophe dieses Liedes („Einigkeit und Recht und Freiheit"). Einige Bundesländer oder historisch gewachsene Regionen verfügen darüber hinaus über eigene Hymnen, die überwiegend ab der zweiten Hälfte des 19. Jahrhunderts entstanden. Bekannt sind das „Badnerlied", die „Bayernhymne", das „Frankenlied" oder das „Pfälzer Lied", ebenso „Schleswig-Holstein meerumschlungen" und die Hymne Württembergs, „Preisend mit viel schönen Reden". Auch das Saarland hat eine Hymne, kennt sogar mehrere Lieder.

Als „heimliche Hymne" gilt das Steigerlied, das aus dem Erzgebirge stammt und bereits um 1700 publiziert wurde. Überall, wo Bergbau betrieben wurde, sangen es die Bergleute, so im Erzgebirge, im Ruhrgebiet und im Saarland. Besungen werden die harte Arbeit im Bergwerk und die Hoffnung, unbeschadet ans Tageslicht zurückzukehren. Der Refrain lautet:

Glück auf, Glück auf, der Steiger kommt
Und er hat sein helles Licht bei der Nacht,
Und er hat sein helles Licht bei der Nacht
Schon angezünd't, schon angezünd't.

Das Steigerlied bzw. der eingängige Refrain sind so populär, dass Radio Saarbrücken bzw. der daraus hervorgegangene Saarländische Rundfunk bis Mitte der 1980er-Jahre vier Takte des Liedes („… und er hat sein helles Licht bei der Nacht") als Pausenzeichen und damit als Erkennungsmelodie verwendete.

Fast genauso bekannt ist das Saarlied mit seiner einprägsamen ersten Zeile „Deutsch ist die Saar, deutsch immerdar". Wie bei der ersten Strophe des Deutschlandlieds ist auch hier der geschichtliche Hintergrund relevant. Das Lied stammte von Hanns Maria Lux (1900–1967), der 1920 als junger Lehrer an der Knabenmittelschule in Saarbrücken tätig war und die fünf Strophen für einen Klassenausflug textete. Die patriotische Stimmung des Liedes ist vor der französischen Besetzung der Saarregion zu verstehen. Gesungen auf die Melodie des Steigerlieds, wurde es sehr rasch im Volk bekannt und vor allem im Vorfeld der Volksabstimmung vom 13. Januar 1935 über den Wiederbeitritt des Saargebiets zum Reich häufig gespielt:

Deutsch ist die Saar, deutsch immerdar,
Und deutsch ist unseres Flusses Strand
Und ewig deutsch mein Heimatland,
Mein Heimatland, mein Heimatland.

Deutsch bis zum Grab, Mägdlein und Knab',
Deutsch ist das Lied und deutsch das Wort
Deutsch ist der Berge schwarzer Hort,
Der Berge schwarzer, schwarzer Hort.

Deutsch schlägt das Herz, stets himmelwärts,
Deutsch schlug's, als uns das Glück gelacht,
Deutsch schlägt es auch in Leid und Nacht,
In Leid und Nacht, in Leid und Nacht.

Reicht euch die Hand, schlinget ein Band
Um junges Volk, das deutsch sich nennt,
In dem die deutsche Sehnsucht brennt,
Nach dir, o Mutter, nach dir, nach dir.

Der Himmel hört's! Jung Saarvolk schwört's,
Lasset es uns in den Himmel schrei'n,
Wir wollen niemals Knechte sein,
Wir wollen ewig Deutsche sein!

Nach dem Zweiten Weltkrieg, als das Saarland zwar wirtschaftlich mit Frankreich verbunden war, aber staatsrechtlich als autonomer Staat galt, war das 1892 von Richard Limberger getextete Saarlandlied nach der 1921 entstandenen Melodie von Karl Hogrebe offizielle Hymne. Sie erklang u.a. im November 1950 anlässlich des Spiels der saarländischen Fußballnationalmannschaft gegen die Schweiz.

Ich weiß, wo ein liebliches, freundliches Tal,
Von waldigen Bergen umgeben,
Da blitzen die Wellen im Sonnenstrahl,
Es blühn auf den Hügeln die Reben,
Und Dörfer und Städte auf grünender Flur,
Und Menschen von kernigem Schlage.

Wer einmal gewandert am Ufer der Saar,
Und einmal den Saarwein getrunken,

Die seit 2003 gültige Saarlandhymne rühmt das Saarland als „freundliches Land"; freundlich und lieblich sind auch seine Landschaften, hier ein Blick in den Bliesgau …

… und hier ein Blick vom Schaumbergturm auf den Landkreis St. Wendel.

Wem einmal die Blicke der Mädchen so klar
In die glühende Seele gesunken,
Der zieht nicht mehr weiter, es sagt ihm so wahr
Das Herz mit gewaltigem Schlage.

O Saarland, du Kleinod von strahlendem Glanz,
O Land, du, von Kohle und Eisen,
Dir will ich gehören, dir weihen mich ganz,
Nichts soll mich dir fürder entreißen.
So klingt es dann stolz in die Lande hinaus,
Wenn freudigen Herzens ich sage.

Ursprünglich hatte die dritte Strophe einen anderen Text. Da er aber 1950, nach dem Zweiten Weltkrieg, zu nationalistisch klang, veranlasste Ministerpräsident Johannes Hoffmann (1890–1967) den Dichter zu einer neuen Aussage.

Der Refrain der Hymne lautete:

Hier ist meine Heimat im Lande der Saar,
Laut preis' ich sie all' meine Tage.
Hier ist meine Heimat im Lande der Saar,
Laut preis' ich sie all' meine Tage.

Rund 50 Jahre später befürwortete das saarländische Ministerium für Bildung, Kultur und Wissenschaft eine neue, zeitgemäße Hymne, die bei Feiern oder offiziellen Anlässen erklingen sollte. Den Wettbewerb entschied der 1937 in Nordhausen/Thüringen geborene und in Berus lebende Schriftsteller und ehemalige Lehrer Gerhard Tänzer. Seit 2003 ist sein Text die amtliche Saarlandhymne. Die Musik stammt von Karl Hogrebe. Mit diesen heimatverbundenen Zeilen verlassen wir das kleinste, aber eines der schönsten Bundesländer:

Ich rühm' dich, du freundliches Land an der Saar,
Von friedlichen Grenzen umgeben.
Nie wieder bedrohe dich Krieg und Gefahr,
In dir möcht' ich immerzu leben.
Und gibst du uns Arbeit, so hat's keine Not,
Wir werden die Mühen nicht scheuen,
Und Feste auch feiern zum täglichen Brot,
Denn du, unser Land, sollst uns freuen.

Der Autor
Jörg Koch

Jörg Koch ist promovierter Historiker, Oberstudienrat in Frankenthal, Stadtrat in Worms und Autor zahlreicher regionaler und überregionaler Bücher. Zuletzt erschienen von ihm „Dass Du nicht vergessest der Geschichte. Staatliche Gedenk- und Feiertage in Deutschland von 1871 bis heute" (Darmstadt 2019), „Die Pfalz. 55 Highlights aus der Geschichte" (Erfurt 2020), „Einigkeit und Recht und Freiheit. Die Geschichte der deutschen Nationalhymne" (Stuttgart 2021), „Rheinhessen. 55 Highlights aus der Geschichte" (Erfurt 2021) und „Deutsche Bahnhöfe in historischen Ansichten" (Stuttgart 2021). „Zeitreise Mannheim" (Tübingen 2022), „Kino für das Ohr. 100 Jahre Rundfunkgeschichte(n)" (Stuttgart 2023), „Zeitreise Kurpfalz" (Tübingen 2024) und „Die Gedanken sind frei. August Heinrich Hoffmann von Fallersleben – ein Dichterleben" (Reinbek 2024).

Danksagung

Der Autor dankt allen Gesprächspartnern, Hinweis- und Bildgebern (Peter Becker, Monika Bohr, Bernd Braun, Andrea Fischer, Ann-Kathrin Göritz, Petra Huffer, Heike Kratz, Silke Ornau, Markus Schindler, Gerd Schmitt, Nicole und Winfried Seibert, Jutta Winter) sowie dem Team des Sutton Verlags.

Bildnachweis

Albert-Weisgerber-Stiftung, St. Ingbert (Foto: Tom Gundelwein): S. 5, S. 71;
Archäologiepark Römische Villa Borg (Foto: Moritz Leg): S. 14;
Nicolai Georgiew: S. 113;
Karlsberg Brauerei Homburg: S. 67;
Kulturstiftung Merzig-Wadern: S. 29;
Josef Scherer: S. 4/5, S. 89;
Pfarramt Hl. Franz von Assisi Blieskastel: S. 43;
Peter Becker: S. 53;
Shutterstock/misslauricienta: Einband vorne;
Shutterstock/Patrick Verhoef: Nachsatz;
Shutterstock/Sepp photography: S. 2/3;
Shutterstock/Sina Ettmer Photography: S. 95, Einband hinten (rechts oben);
Stiftung Europäischer Kulturpark Reinheim (Goldarmring aus dem Fürstinnengrab): S. 4, S. 17;
Villeroy & Boch AG: S. 4, S. 5, S. 25, S. 57;
Wernersche Verlagsbuchhandlung Worms (Foto: Claus Reisinger): S. 47, Einband hinten (rechts unten);
Jörg Koch: alle übrigen Bilder.

Impressum
Sutton Verlag GmbH
Schweickhardtstraße 1
72072 Tübingen
www.suttonverlag.de

2. Auflage 2024
ISBN: 978-3-96303-349-0
Druck: Elma Basim / Türkiye
Gestaltung und Herstellung: Sutton Verlag
Lektorat: Christiane Wagner

Christof Trepesch

Saarbrücken

19,99 € | ISBN: 978-3-89702-105-1

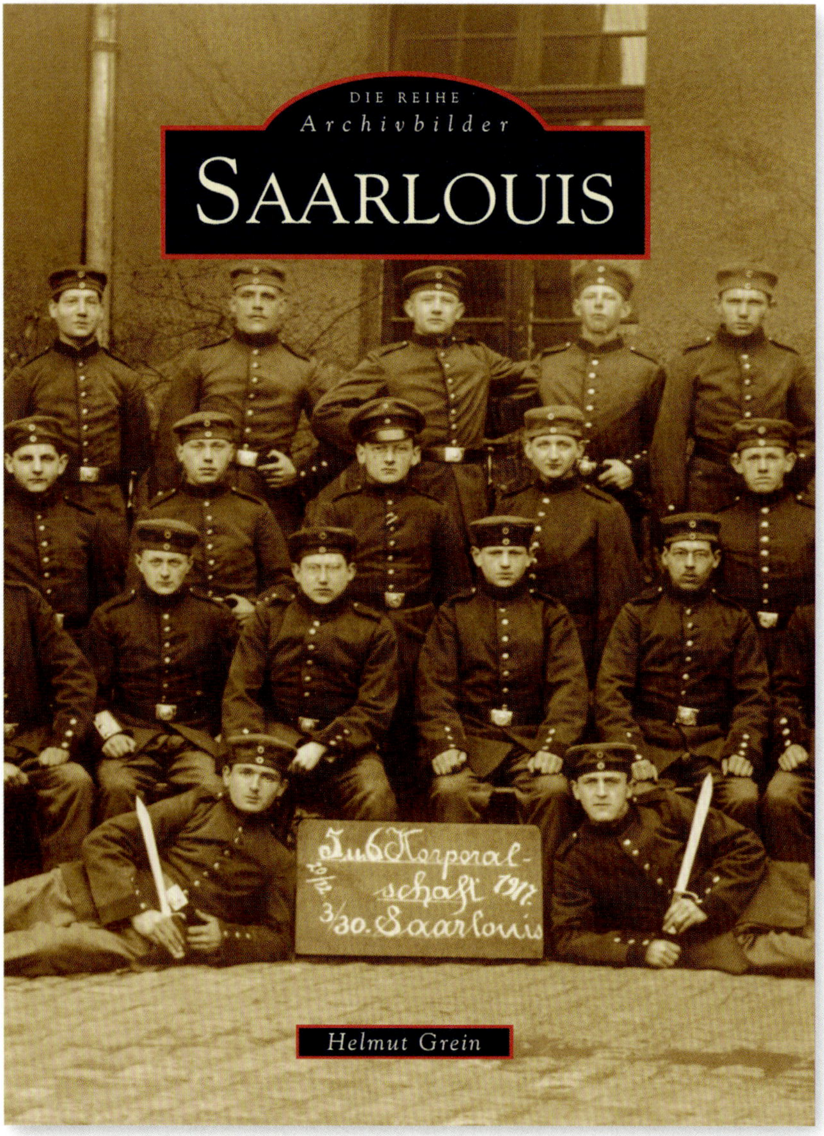

Helmut Grein

Saarlouis

19,99 € | ISBN: 978-3-89702-748-0

Jörg Koch

Die Pfalz. 55 Highlights aus der Geschichte

Menschen, Orte und Ereignisse, die unsere Region bis heute prägen

19,99 € | ISBN: 978-3-96303-159-5